Coleção
**Oriente
Médio**

Uma Terra Feita Refém

O LÍBANO E O OCIDENTE

Roger Scruton

TRADUÇÃO Pedro Sette-Câmara

São Paulo · 2020

Copyright © Roger Scruton
Copyright desta edição © 2020 É Realizações
Título original: *A Land Held Hostage: Lebanon and the West*

EDITOR Edson Manoel de Oliveira Filho
PRODUÇÃO EDITORIAL É Realizações Editora
CAPA E PROJETO GRÁFICO Angelo Bottino
DIAGRAMAÇÃO Nine Design Gráfico / Mauricio Nisi Gonçalves
PREPARAÇÃO DE TEXTO Geisa Mathias de Oliveira
REVISÃO Juliana de A. Rodrigues

Reservados todos os direitos desta obra. Proibida toda e qualquer reprodução desta edição por qualquer meio ou forma, seja ela eletrônica ou mecânica, fotocópia, gravação ou qualquer outro meio de reprodução, sem permissão expressa do editor.

CIP-BRASIL. CATALOGAÇÃO NA PUBLICAÇÃO
SINDICATO NACIONAL DOS EDITORES DE LIVROS, RJ

S441t

Scruton, Roger, 1944-2020
Uma terra feita refém : o Líbano e o Ocidente / Roger Scruton ; tradução Pedro Sette-Câmara. - 1. ed. - São Paulo : É Realizações, 2020.
88 p. ; 23 cm. (Oriente Médio)

Tradução de: A land held hostage : Lebanon and the west
Inclui índice
ISBN 978-65-86217-02-5

1. Líbano - Política e governo. 2. Líbano - História - Guerra civil, 1975. I. Sette-Câmara, Pedro. II. Título. III. Série.

20-63938

CDD: 956.92
CDU: 94(569.3)

Meri Gleice Rodrigues de Souza - Bibliotecária CRB-7/6439
13/04/2020 14/04/2020

É Realizações Editora, Livraria e Distribuidora Ltda.
Rua França Pinto, 498 · São Paulo SP · 04016-002
Telefone: (5511) 5572 5363
atendimento@erealizacoes.com.br · www.erealizacoes.com.br

Este livro foi impresso pela Mundial Gráfica em junho de 2020.
Os tipos são das famílias Dala Floda, FF Spinoza e National.
O papel do miolo é o Lux Cream 90 g e o da capa, cartão Ningbo C2 250 g.

SUMÁRIO

PREFÁCIO Roger Scruton   **7**

CAPÍTULO 1   O Líbano e a Imprensa Anglófona   **11**
CAPÍTULO 2   As Comunidades Libanesas   **21**
CAPÍTULO 3   Um Olhar Sobre a História   **33**
CAPÍTULO 4   O Estado Confessionalista   **43**
CAPÍTULO 5   As Origens da Guerra Civil   **51**
CAPÍTULO 6   A Situação Atual   **63**
CAPÍTULO 7   Conclusão   **77**

ÍNDICE ONOMÁSTICO   **81**
ÍNDICE ANALÍTICO   **83**

PREFÁCIO

ESTIVE NO LÍBANO pela primeira vez 25 anos atrás, quando o país era uma ilha de liberdade em meio a ditaduras de ferro. O destino subsequente dessa ilha contém tantas lições, e foi tão obstinadamente mal representado por aqueles que tinham o dever de reportá-lo, que fui movido, após uma visita recente, a apresentar a minha versão dos acontecimentos. Estas páginas não afirmam oferecer uma análise definitiva da situação, que ultrapassa o meu entendimento. Porém, são um protesto contra a mendacidade e um apelo para aqueles cujas mentes permanecem abertas à verdade.

Usufruí do benefício de discussões com muitos amigos libaneses. Tenho uma dívida de gratidão particular com John Bellingham, sem cuja bondade, erudição e incentivo não teria empreendido esta obra. Sou, no entanto, o responsável pelos erros e pelas opiniões nela expressas.

Londres, abril de 1987.
Roger Scruton

NOTA: Parece não haver acordo quanto à grafia de nomes libaneses. Na maior parte dos casos, segui a transliteração inglesa padrão. Contudo, como muitas das principais figuras do mundo libanês são conhecidas internacionalmente pela transliteração francesa de seus nomes (Gemayel, em vez de Jmayyil, etc.), com frequência usei essa versão (assim, a família conhecida como Shehab ou Shihab pelos historiadores ingleses do Levante costuma, hoje, ser referida como Chehab, Chéhab). Também transliterei palavras mesmo quando sua pronúncia fica assim mal representada (dal al-Sadr, al-Din, etc., e nao as-Sadr, ad-Din, Hobeiqa, não Hobei'a). Nos casos em que uma grafia heterodoxa se estabeleceu (Jumblatt, por exemplo), segui o costume.

CAPÍTULO 1
O Líbano e a Imprensa Anglófona
—

DURANTE OS CINCO anos que antecederam a recente "pacificação" síria de Beirute Ocidental, uma imagem peculiar do conflito libanês foi apresentada na imprensa do Ocidente. As potências dessa região tinham sido mostradas como tolas ou vilãs, às vezes agindo sozinhas, às vezes por meio de Israel, seu aliado e títere. Contavam-nos de um massacre no Shouf, onde o *New Jersey* lançou sua pesada artilharia contra as posições drusas; de massacres semelhantes de muçulmanos e drusos executados pelos "aliados" cristãos de Israel e dos Estados Unidos — aqueles ferozes batalhões maronitas que se denominam "falangistas" e que compartilham a postura e a ideologia das organizações fascistas das quais tiram seu nome. Os jornalistas deleitaram-se com as extorsões praticadas pelo exército israelense e suas ditas milícias "por procuração" contra os aldeões do sul do Líbano, e com o constante incentivo à violência sectária, acusação justa contra os israelenses. Aqueles que tinham feito o dever de casa se depararam com um livro de Jonathan C. Randall,[1] correspondente do *Washington Post*, em que é apresentada uma útil caricatura dos ricos maronitas em seu fortificado baluarte do "Maronistão". A partir de seus vulgares palácios, informava-nos Randall, os cristãos governam o Líbano,

---

[1] Jonathan C. Randall, *Going All the Way: Christian Warlords, Israeli Adventurers, and the War in Lebanon*. New York, Viking Press, 1982. A visão de Randall é compartilhada não apenas por Robert Fisk em seus artigos no *Times*, mas também por John Bulloch, agora em *The Independent*, em seus livros *Death of a Country* (London, Widenfeld & Nicolson, 1977), e *The Final Conflict* (New York, Century Press, 1983), livros que, deve-se acrescentar, não são de modo nenhum mal informados.

explorando e oprimindo a "maioria muçulmana" e gozando os frutos injustos de uma Constituição que perpetua seu poder.

Por muitos anos essa imagem formou o pano de fundo daquelas coloridas cenas de violência e de destruição que enchiam as colunas de jornais sérios. O mais assíduo no tracejo de seus contornos foi Robert Fisk, cujos artigos, republicados por *The Irish Times* e por *La Stampa*, ajudaram a moldar a opinião pública ocidental e a política exterior ocidental em relação a um país cujo destino depende, de maneira crucial, daquilo que pensamos dele.

Em 3 de fevereiro deste ano, ao voltar de Beirute, peguei por acaso um exemplar do *The Times* do dia anterior, no aeroporto Larnaca. O caso Terry Waite estava conquistando a atenção da imprensa, os cidadãos americanos tinham acabado de ser proibidos de pisar no Líbano e os jornais estavam mais atentos do que o normal àquela situação. Sem dúvida, ali estava o artigo de sempre de Robert Fisk, em destaque, descrevendo as pobres comunidades xiitas, "levadas às dezenas de milhares para as favelas da capital pelos ataques israelenses" e ignoradas pelo "governo predominantemente cristão". Li outra vez a respeito da preferência do Ocidente por uma ordem no Líbano "controlada pelos cristãos"; das vítimas palestinas em seus campos sórdidos, brutalmente massacradas pelas milícias cristãs na esteira da invasão de Israel; dos "xias, ponderados e amigos", cuja paciência tinha sido levada ao limite por "estrangeiros", e que tinham adotado a bandeira iraniana — símbolo tão seguro da "luta contra a opressão" em Beirute Ocidental quanto a bandeira tricolor na Europa setecentista. O artigo, seguindo um processo de livre associação, continuava até sua conclusão previsível. Uma mulher americana reclama com um dos fuzileiros, que foram, em 1984, "resgatá-la de terroristas", que "foram vocês que transformaram meus amigos em meus inimigos e me obrigaram a ir embora". Fisk encerrava com a observação de que os americanos, em Beirute, "diziam a mesma coisa neste fim de semana".

Li o artigo com certo interesse, pois aquela mesma edição do *The Times* trazia outro artigo de Fisk, mais atualizado, que tratava de temas iranianos e tinha sido mandado de Teerã. Aliás, ele não tinha sido visto em Beirute havia algumas semanas (ao menos não por aqueles com quem conversei durante minha visita). O artigo também não demonstrava nenhuma consciência da efetiva situação do Líbano. Ele poderia ter sido escrito dois anos antes; e parecia não ter nenhum outro fim além de marcar pela centésima vez os contornos de uma caricatura cuja credibilidade deriva tão somente do hábito de Fisk de repeti-la. Mas então, refleti, suponha que Robert Fisk tenha escrito a *verdade* a respeito da militância[2] islâmica que opera no Líbano, hoje: conseguiria ele ter residido confortavelmente na capital iraniana? Imagine que ele, ao longo dos anos, tivesse escrito a verdade a respeito da ocupação síria: poderia ter reclamado para si aquela *expertise* – como ele rapidamente nos informa – que só têm aqueles que podem viajar livremente "a Norte de Baalbek" (isto é, na zona ocupada há dez anos pela Síria)? Ou suponha que tivesse escrito a verdade sobre os palestinos, cujos bandos fora da lei vagavam pelo interior do Líbano, atormentando xiitas e cristãos, e tirando milhares de pessoas das suas casas, muito antes da invasão israelense: poderia ele ter gozado do conforto, junto com muitos outros correspondentes do Ocidente, de um hotel de Beirute Ocidental de propriedade de palestinos?[3] E ter viajado livremente por países cujos líderes legitimam-se pela oposição unida ao "inimigo sionista", e pela defesa generosa da causa palestina (defesa essa que invariavelmente nunca chega a oferecer um lar aos palestinos)?

Recordei-me de um fato singular: o de que eu só tinha visto um artigo na imprensa britânica que relatava atrocidades no Líbano que não tinham sido cometidas por cristãos ou israelenses, e que descrevia a tragédia dos aldeões cristãos – e o artigo tinha sido publicado anonimamente.[4] E refleti sobre o destino do proprietário da revista *al-Hawadess*, Selim Laouzi, sunita que, após transferir a revista de Beirute Ocidental para Londres, tinha redigido críticas à política síria no Líbano. Laouzi, ao voltar para casa do funeral da mãe, foi detido entre dois bloqueios sírios na estrada entre Beirute Ocidental e o aeroporto, e assassinado após torturas infligidas ao braço com que ele tinha escrito os artigos ofensivos. Recordei também de Michel Seurat, estudioso francês que cometera o erro de reportar a verdade de Trípoli e de publicar os métodos do presidente Hafiz al-Assad para obter e manter o poder na Síria. Seurat foi raptado em 22 de maio de 1985

---

[2] Uso o termo "militância" e não "fundamentalismo" (ou o francês *intégrisme*), porque, estritamente falando, não existe muçulmano que não seja também "fundamentalista", a menos que seja um muçulmano também herege.

[3] Sobre o Hotel Commodore e o tratamento oferecido por seu proprietário palestino aos jornalistas ocidentais, seus mais mimados residentes, ver Annie Laurent e Antoine Basbous, *Guerres Secrètes au Liban*. Paris, Gallimard, 1987, p. 52.

[4] Anônimo, "The Christians of South Lebanon". *The Salisbury Review*, vol. 4, n. 2, jan. 1986.

e torturado para que revelasse suas fontes. Sua "execução" foi anunciada em março último pela "Jihad Islâmica".⁵ E lembrei-me de Karl Fefer, de *Der Stern*, o único correspondente ocidental a ter reportado por completo o massacre de trezentos cristãos, em Damour, pelos sírios e por seus aliados palestinos, em 1976. (O incidente, minimizado ou desculpado por Fisk, por Bulloch, e por Randall, na verdade, foi decisivo para determinar o caráter futuro da "guerra civil" libanesa.) Fefer foi assassinado na sequência.

Refleti sobre o destino de três líderes poderosos, que não tinham nada em comum além do potencial para estabelecer e manter um Líbano independente: Moussa al-Sadr, imã xiita; Kamal Jumblatt, chefe druso; e Bashir Gemayel, o presidente eleito, maronita. Graças a Moussa al-Sadr os xiitas surgiram na consciência política, no fim dos anos 1960, formando o movimento *Amal*, que depois se organizaria como milícia.⁶ Moussa al-Sadr desapareceu em 1978, enquanto visitava o coronel Khadaffi. Kamal Jumblatt – um chefe culto dos drusos, que morava no Shouf – foi quem incentivou o ressurgimento do poder druso e que se opôs ativamente à política síria de fragmentação. Acabou morto a tiros perto de um posto sírio, em 1977. Bashir Gemayel prometeu reviver as fortunas dos maronitas perseguidos e unir as elites libanesas de todas as confissões numa nova aliança contra o domínio estrangeiro. Foi assassinado em 1982, quase certamente pelos sírios, e talvez com a ajuda de seu títere, Hobeiqa, líder da milícia cristã que perpetrou os massacres nos campos palestinos. A contínua colaboração de Hobeiqa com o presidente Assad foi, desde ali, recompensada com o feudo de Zahleh, em Beqaa.⁷

---

⁵ Michel Seurat publicava sob o pseudônimo Gérard Michaud. Suas denúncias das táticas de poder sírias foram apresentadas em "La Syrie ou l'État de Barbarie". *Esprit*, nov. 1983. O trabalho de Seurat como um todo foi discutido num levantamento póstumo, feito por Olivier Mongin, em *Critique*, jan. 1987. Sua morte é contada em Laurent e Basbous, op. cit., p. 80.

⁶ *Amal* – que também significa "esperança" – é um acrônimo para *Afwaj al-Muqawmah al-Lubnaniya*: "Batalhões da Resistência Libanesa".

⁷ O principal suspeito na questão do assassinato de Bashir Gemayel, Habib Chartouni, atualmente preso, enquanto aguarda julgamento, pertence a uma família que se converteu do maronismo ao protestantismo, no século XIX. Porém, ele é membro do *Parti Populaire Syrien*, desde 1977, e parece ter trabalhado em proximidade com Hobeiqa – um ortodoxo grego, também colaborador sírio. O indício de instigação síria mostrou-se convincente para a maioria dos observadores no Líbano – ver Laurent e Basbous, op. cit., p. 200 n. Existem aqueles que acreditam que os israelenses (sempre suspeitos de conspirar com os

O fato é que ninguém poderia gozar da liberdade de movimento necessária para tornar-se decano dos correspondentes, caso descrevesse a verdadeira situação no Líbano. Não que Robert Fisk seja influenciado — mais do que outros correspondentes ocidentais — pela arma atrás dele, ou pelo visto à sua frente. Ele realmente quer culpar Israel e os Estados Unidos pela catástrofe libanesa e, com efeito, foi tentado pela ideia de que a *Pax Syriana* é, se não a solução ideal do problema, ao menos a melhor esperança de uma ordem estável. O Líbano está dilacerado por facções que somente um vizinho poderoso poderia controlar com facilidade. Um editorial recente em *The Irish Times* — influenciado pelos textos do correspondente daquele jornal — expressa esse ponto inequivocamente: "A longa e lenta morte de Beirute", diz, "só pode ser evitada pela intervenção síria". Em tons lisonjeiros, o líder insta o presidente Assad a aceitar "uma autoridade mais pública e a assumir riscos que até então evitou [...]. O presidente sírio", acrescenta o editorial, "poderia usar o crédito que viria de trazer a paz ao Líbano para substanciar sua pretensão à liderança árabe".

Quando os sírios, em 22 de fevereiro deste ano, enfim marcharam em Beirute Ocidental, mal chegou a surpreender que a mídia do Ocidente, influenciada por anos de comentários unilaterais, aceitasse esse ato cuidadosamente planejado de conquista como uma busca por paz. "É absurdo os americanos criticarem a entrada síria", escreveu Fisk no *The Times*, em 25 de fevereiro, "porque os libaneses tinham de resolver seus problemas. Beirute Ocidental tinha sido dilacerada e não havia poder interno que pudesse esmagar a insanidade." Assim, ele acrescentava: "Assad pode assumir uma posição moral forte ao longo dos próximos dias. Seus soldados salvaram incontáveis vidas em Beirute Ocidental, e varreram as milícias do setor comercial [...]". Fisk deixa de mencionar que foi graças a Assad que as milícias foram para lá, ou porque seus líderes gozavam de proteção síria em Damasco, ou porque operavam, como Walid Jumblatt, sob a supervisão direta do presidente sírio.

É verdade que Beirute Ocidental estava (ao menos em certa medida) pacificada: porém, a pacificação do Líbano pela Síria deve ser comparada à pacificação soviética do Afeganistão, ou à pacificação vietnamita do

---

sírios) também tiveram seus motivos para livrar-se de Bashir. Como eles o apoiaram em sua ascensão ao poder, evidentemente ficaram consternados ao descobrir que Bashir não tinha nenhuma intenção de aceitar suas ordens.

Camboja. Não é assim que Robert Fisk a vê. Numa série de artigos suaves, justificadores, ele apresentou um Assad mais motivado por um interesse legítimo em prestígio do que pela cobiça por poder, e continua dando a entender que a "milícia falangista" apresenta um grande obstáculo para seus esforços pacificadores. Num perfil notável, publicado no *The Times* de 5 de março de 1987, Fisk afasta Hafiz al-Assad – o "homem brando e taciturno" – do terrorismo de seus servos indisciplinados, e não menciona a destruição de Hama, quando, por ordem de Assad, milhares de pessoas foram mortas, a maioria a sangue-frio. (Os tanques do exército sírio cercaram a cidade, e, sem trégua, dispararam até fazer dela uma pilha de escombros: é particularmente notável que Fisk não mencione isso, considerando que ele foi um dos poucos jornalistas ocidentais a ter testemunhado o rescaldo.) Fisk conclui que "Assad agora pode se tornar o amigo mais importante do Ocidente no Oriente Médio, esmagando a anarquia do Líbano, libertando os reféns estrangeiros em Beirute, esmagando a revolução xiita muçulmana no país. O 'leão de Damasco' – *assad* significa 'leão', em árabe – tomou posse do que é seu".

Esse tipo de lambição de botas covarde acontece com tanta frequência nas páginas do *The Times* que nem é notada. No entanto – mesmo pelos padrões de Fisk –, não é uma inovação pequena que um correspondente ocidental, um "especialista" no Oriente Médio, descreva Assad como o principal amigo do Ocidente na região. Afinal, Assad é aliado da União Soviética; ele preside um Estado de partido único, fortemente envolvido na exportação de narcóticos e de terrorismo; suas forças ocupam a maior parte do Líbano (a última democracia a falar árabe) e tem a clara intenção de controlar o resto. Mesmo o governo de sua Majestade – lento, em sua fraqueza pós-colonial, para responder aos muitos insultos que lhe são feitos pelos arrivistas criminosos do mundo árabe – viu-se compelido, enfim, a romper relações diplomáticas com "o leão de Damasco".

Ao mesmo tempo, as democracias respondem a seus jornalistas, que mais do que justificaram a descrição de "o quarto estamento" dada por Macaulay. A opinião estabelecida entre os correspondentes do Oriente Médio provavelmente se tornará, cedo ou tarde, a opinião estabelecida do *Foreign Office*.[8] E a opinião do *Foreign Office* rapidamente se transfere ao Parlamento. Podemos estimar o sucesso da propaganda de Fisk a partir de um debate

---

[8] O equivalente britânico do Ministério das Relações Exteriores. (N. T.)

recente na Câmara dos Lordes,[9] em que o principal tópico foi a situação do Líbano. Eis o que disse um de seus pares (lorde Mayhew): "Finalmente algum grau de lei e ordem foi imposto ao Líbano pelos sírios. É uma tarefa ingrata, pela qual penso que eles merecem crédito. [...] Será que o governo considera, tendo em mente a posição enormemente importante da Síria no Oriente Médio, uma restauração parcial das relações com aquele país?".

Lorde Mayhew, em seguida, menciona "o papel cada vez mais influente e positivo desempenhado [...] pela Síria e pela União Soviética". O par conservador, que fez a introdução do debate – o visconde Buckmaster –, também dá crédito aos sírios, dando a entender que eles resgataram os palestinos do Campo de Shattila e "acabaram com as atividades do *Amal*". (Na verdade, os sírios salvaram o *Amal* de ser derrotado pela milícia de Walid Jumblatt, permitindo assim que continue sua guerra contra os campos até que Arafat seja obrigado a reconhecer a soberania *de facto* da Síria.) Até mesmo a ministra do governo, a baronesa Young, junta-se ao coro de aprovação, dizendo que "a ocupação síria pode enfim ter trazido alguma estabilidade a Beirute". O debate – um triunfo da desinformação – é apenas um exemplo do modo como a inverdade pode ser projetada no coração do processo decisório democrático, quando jornalistas enviesados encontram autocratas impiedosos e adotam seus termos voluntariamente.

Como falei, porém, as opiniões expressas por Fisk e por seus colegas, sem dúvida, são sinceras. Nunca se deve esquecer que muitos jornalistas ocidentais – particularmente aqueles que se formaram na década de 1960 – são genuinamente antiocidentais e estão prontamente dispostos a conectar interesses ocidentais com movimentos políticos que são "autoritários", "capitalistas", "opressores" e "de direita", e defender, antes, as forças "progressistas", "de esquerda", "socialistas", que resistem àquelas. Num lugar como o Líbano, onde categorias como "esquerda" e "direita", "socialista" e "capitalista", "reacionário" e "progressista" só podem ser aplicadas com o máximo de circunspecção, e a partir de um conhecimento além do alcance do correspondente comum, talvez se possa esperar que o antagonismo instintivo aos governos ocidentais leve o jornalista inocente a cortejar criminosos, a aceitar sem questionamentos as descrições que estes oferecem de suas políticas, e até a descrevê-los,

---

[9] *Hansard*, 8 abril 1987, p. 1057-77.

a partir de sua comprovada hostilidade aos interesses ocidentais, como verdadeiros amigos do Ocidente.

Assim, não devemos ficar surpresos com o fato de tantos jornalistas ocidentais terem defendido o Partido Socialista Progressista, de Walid Jumblatt, mesmo que ele não seja nem progressista, nem socialista, nem um partido, mas uma corporação de dependentes, armados por Jumblatt, com o propósito de reforçar a soberania feudal que os Jumblatt praticam há três séculos, no Shouf. Também não devemos nos surpreender que o rótulo *Kataëb*, ou *Phalange* – adotado pelo movimento em grande parte maronita fundado em 1936, por Pierre Gemayel –, tenha sido acusado por jornalistas de revelar o caráter "fascista" da política cristã.

A palavra "fascista", é claro, foi esvaziada de sentido pela esquerda semiletrada. Se aquilo que é referido, porém, é uma tendência à violência política e uma busca por monopólios de poder, então as milícias cristãs não são, de maneira alguma, inocentes. Num episódio (ainda envolto em obscuridade), a milícia de Bashir Gemayel aparentemente assassinou Tony, filho do ex-presidente Suleiman Franjiyeh. Dizia-se que Tony Franjiyeh tinha uma parceria de negócios com Rifaat al-Assad – o irmão gângster do presidente sírio, e um dos maiores comerciantes de narcóticos do mundo – e que trabalhava ativamente pela *Pax Syriana*. Mesmo assim, seu assassinato teve todo o caráter de uma guerra de clãs e pouco fez pela causa da unidade cristã.

Apesar desses episódios macabros, e apesar dos horrores da primeira guerra dos campos, resta o fato de que, desde o irromper da guerra civil, em 1975, os cristãos perderam todo o controle efetivo sobre o Líbano, ficando sitiados em Beirute Oriental, e destacaram-se entre aqueles que tentaram reviver o processo constitucional. Considerando-se tudo (e há muito a considerar), os cristãos foram menos violentos em seus atos do que as outras comunidades libanesas – certamente menos violentos do que os xiitas e do que os drusos, e incomparavelmente menos violentos do que os palestinos. Esses "cristãos" que continuam a viver segundo as armas – em particular, o bandido arrivista Hobeiqa – gozam da proteção da Síria e agem, na maior parte das vezes, seguindo instruções sírias. Tanto Franjiyeh como Hobeiqa agora estão excluídos do reduto cristão a Norte da capital, o primeiro tendo voltado a seu papel ancestral de barão feudal. Hobeiqa chegou a ponto de preparar os próprios ataques, com apoio sírio, às posições defendidas pela milícia cristã.

Claro que nem todo correspondente ocidental foi tão simplista em sua abordagem, ou tão preso a conclusões já prontas, quanto Robert Fisk.[10] É muito significativo que a maior parte das reportagens mais ponderadas tenha sido publicada na França, muitas vezes por nomes como Jean-Pierre Péroncel-Hugoz ou Georges Corm, um libanês.[11] Isso porque muitos correspondentes americanos e britânicos usaram relatos de primeira mão de falantes de inglês, que é a primeira língua estrangeira da maioria dos muçulmanos, e de todos os revolucionários e *gauchisants*. (Esse fato é uma das mais importantes consequências políticas do movimento oitocentista de estabelecer escolas protestantes, e uma universidade protestante, no Líbano.) Mesmo os libaneses que dominam o inglês veem-no apenas como uma ferramenta a ser usada nos negócios, na tecnologia e na propaganda. Por outro lado, os libaneses francófonos – os católicos, e os membros das antigas elites dirigentes – também são de *culture* francesa. A língua francesa, para eles, é um meio de expressão e um laço querido com a civilização da Europa. Por meio do francês, eles conseguem transmitir não apenas os fatos e as ficções da política, mas também as sutilezas, as hesitações e o sentido histórico que são vitais para sua interpretação. (É interessante descobrir por Robert Firsk que Terry Anderson, o jornalista americano cujas reportagens tanto fizeram para abalar a autoconfiança dos Estados Unidos durante o período recente de seu envolvimento militar, e que depois foi sequestrado pelos militantes islâmicos cuja causa tinha promovido, esteja aproveitando a oportunidade proporcionada por seu encarceramento para aprender francês.)

---

[10] O viés da mídia ocidental, ao reportar questões do Oriente Médio, já foi tema de muitos comentários. Ver, por exemplo, as obras mencionadas na nota de rodapé 11, a seguir, e, em relação à cobertura midiática da invasão israelense do Líbano, Edward Alexander, "The Journalists' War Against Israel". *Encounter*, 1983, p. 87-97, e Melvin Lasky, "Embattled Positions". *Encounter*, 1983, p. 102-08. Os dois autores apontam que Robert Fisk é particularmente inescrupuloso ao transmitir uma conclusão inevitável favorável ao interesse palestino. Suas críticas são amplamente corroboradas num levantamento da cobertura americana da guerra, feito por Frederick Krantz, "Media Coverage of the 1982 War in Lebanon: a Case Study in the Limits of Journalism", na revista canadense *Middle East Focus*, vol. 9, n. 3, fev. 1987, p. 23-31.

[11] Os dois autores disponibilizaram suas descobertas em forma de livro: Jean-Pierre Péroncel-Hugoz, *Une Croix Sur le Liban*. Paris, Éditions Lieu Commun, 1984; Georges Corm, *Géopolitique du Conflit Libanais*. Paris, Éditions La Découverte, 1986.

Contudo, mesmo os melhores jornalistas franceses tiveram dificuldades em descrever um país onde as lealdades são tão variadas, e tão voláteis, que a ordem política parece mudar como um caleidoscópio a cada tremor da mão do observador. Os ocidentais nunca deixaram de se impressionar com a capacidade árabe de lealdade instantânea — capacidade nascida de um passado nômade, mas agora essencial a todas as expectativas sociais formadas por meio da língua árabe. As pessoas que juram lealdade eterna àqueles por quem passam no deserto correm poucos riscos de repercussões. Todavia, aqueles que vivem e negociam numa cidade moderna, e que juram lealdade eterna três vezes por dia a pessoas que encontrarão no dia seguinte, rapidamente enredam-se em contradições. Aquilo que poderia ter sido uma solução perfeita para o conflito acaba se tornando a causa perpétua dele. Certamente, o império da honra — e o Oriente Médio inteiro dá testemunho desse fato —, que coloca os amigos na frente dos estranhos, e a vingança na frente da justiça, só pode ter uma triste coexistência com o império da lei. Como diz um provérbio árabe: "Eu e meu irmão, contra meu primo; eu e meu primo contra o mundo". Mas quem é meu irmão, e quem é meu primo, numa sociedade disposta a fragmentar-se em linhas confessionais, obstinada em lealdades feudais, e com dívidas não pagas de vingança bloqueando cada caminho?

CAPÍTULO 2
As Comunidades Libanesas
—

É DIFÍCIL ENTENDER O conflito libanês sem ter, primeiro, algum conhecimento das seitas e dos credos que coexistem no Líbano e, segundo, da história que os colocou ali. Cada uma das comunidades tradicionais — maronitas, sunitas, xiitas, ortodoxos, melquitas e drusos — tem uma "personalidade" distinta e colorida. E quando a mistura final é juntada, temperada com armênios de três obediências, siríacos latinos, católicos e ortodoxos, caldeus e assírios, três igrejas protestantes, alauítas, ismaelitas e judeus, o resultado é um tumulto indescritível de fervor religioso e de costumes contrastantes. O espaço proíbe que eu mencione todas as muitas crenças que competem pela alma do homem nessa pequena faixa territorial; vou, portanto, limitar-me ao mínimo essencial.[1]

1. OS MARONITAS

Os maronitas são os cristãos nativos do Monte Líbano que formam um ramo separado da Igreja Católica Romana. A origem do maronismo foi particularmente obscurecida pelos esforços de seus estudiosos — e, notadamente, de Yusuf al-Simani, bibliotecário vaticano do tempo de Clemente XII — em refutar a acusação de heresia. A seita foi fundada por um dos primeiros antioquinos, Maroun ou Maro, que morreu na Síria por volta de 400 d.C. com odores de santidade. Há controvérsias quanto àquilo

---

[1] O leitor pode consultar Kamal S. Salibi, *The Modern History of Lebanon*. London, Weidenfeld & Nicholson, 1965; e Albert Hourani, *Syria and Lebanon: A Political Essay*. Oxford, 1946.

em que acreditavam os maronitas originais. O que é certo, porém, é que os cristãos libaneses não eram ortodoxos na época de Justiniano II, contra cujos partidários, os "melquitas" (ver a seguir), eles se colocavam, talvez em defesa do monotelismo. O contato com os cruzados ofereceu relações mais estáveis com Roma, e uma aceitação explícita da Igreja Maronita na comunhão romana aconteceu no Concílio de Florença, em 1445. Em 1584, foi fundado um colégio maronita, em Roma, encarregado da educação de padres e da manutenção da ortodoxia romana entre os cristãos da Síria. A união foi outra vez confirmada pelos Sínodos de Qannubi (1596) e de Luwayza (1736), que aconteceram no Líbano e contaram com a presença de delegados papais.

As conexões católicas romanas dos maronitas sempre foram úteis para obter apoio internacional para seus interesses, e para manter a ascendência cultural e intelectual do clero maronita. Os formados no colégio maronita, ao retornar como sacerdotes para o Líbano, fundavam escolas em aldeias, assim garantindo a alfabetização em suas congregações. O sacerdócio trazia o conhecimento de línguas latinas e – graças a um tratado de 1535 entre Francisco I e Suleiman, o Magnífico, concedendo capitulações aos franceses – isso traria uma prosperidade duradoura ao Líbano, cujos nativos eram os mais bem preparados entre os súditos do sultão para aproveitar a conexão francesa. Volney, viajante francês que visitou a Síria, entre 1782 e 1785, observou que "a mais sólida vantagem que resultou dessas obras missionárias foi que a arte da escrita tornou-se mais comum entre os maronitas, e que, por tal motivo, eles passaram a ser nesses distritos aquilo que os coptas são no Egito; isto é, eles tomaram dos turcos, e especialmente dos drusos, seus vizinhos, todas as posições de clérigos, de intendentes e de *kiayas*".[2]

A história do Líbano está registrada nos costumes dos maronitas. Sua língua litúrgica é o siríaco, ao passo que sua língua falada (desde o século XVIII), a língua de sua Bíblia, é o árabe. Suas igrejas são pequenas, quadradas e simples como mesquitas; e, assim como na Igreja Grega, eles são servidos pelo clero tanto paroquial como monástico. Os maronitas originalmente dominavam o Monte Líbano e o Kesrwan; porém, sua reivindicação de ascendência política data do século XVIII, quando os emires Shihab – até então muçulmanos sunitas – converteram-se ao cristianismo, com a aprovação de seus súditos, a maioria dos quais maronita. Mesmo antes

---

[2] Volney, *Voyage en Egypte et en Syrie*. Paris, 1959, apud Salibi, op. cit., p. 13.

desse acontecimento, no entanto, os maronitas já estavam acostumados, há muito tempo, a considerar o Monte Líbano seu território específico, defendendo com sucesso suas passagens contra os muçulmanos da Arábia, e aliando-se com os cruzados na guerra pela Terra Santa.

2. OS DRUSOS

Igualmente corajosos, e igualmente independentes, são os drusos, seus vizinhos. Eles provavelmente tiram seu nome (*druzi*, no singular[3]) de Nachtekim Darazi, grão-vizir de Fatimid Khalif Hakim ibn Nizar (985-1021). A fim de afirmar sua independência de Bagdá, Hakim tornou-se xiita. Não satisfeito, proclamou-se a si mesmo a encarnação do Deus único, e desapareceu de imediato, provavelmente assassinado. Segundo uma versão dos acontecimentos (e na religião drusa nunca há só uma versão dos acontecimentos), Darazi começou a pregar a doutrina do deus vivo Hakim, na Síria. Foi morto, ou na Síria, ou em seu retorno ao Cairo, e seu lugar foi tomado por Hamza ibn 'Ali, nativo de Suzan, na Pérsia, que foi o verdadeiro fundador da religião drusa.

Ferozmente perseguidos pelos muçulmanos, os drusos refugiaram-se na montanha libanesa, que adquiriu, nos séculos XVII e XVIII, uma maioria maronita, após migrações do Norte. A coexistência com a cultura cristã do entorno foi possibilitada por dois traços importantes da religião drusa: primeiro, sua proximidade teológica do cristianismo, que lhe permitia tomar emprestados símbolos, ideias e práticas litúrgicas cristãs sem dano à fé, e, segundo, a prática de *ketman* (a ocultação sistemática da doutrina, também chamada *taqiyya*[4]). De fato, os drusos esconderam tão bem sua doutrina que eles próprios não sabem qual é. Embora o Corão seja um de seus "sete livros da fé", ele não tem mais autoridade do que o Pentateuco, os Salmos, as obras dos filósofos (isto é, Aristóteles, Platão e Pitágoras)

---

[3] O plural usado por Scruton, no texto em inglês, é *druze*. (N. T.)

[4] A prática de *ketman* provavelmente tem origem xiita. Ela foi estudada no século XIX por Gobineau, em sua viagem à Pérsia; na época, os xiitas persas eram obrigados a esconder sua lealdade a 'Ali. O termo foi apropriado de maneira interessante por Czeslaw Milosz (*The Captive Mind*. Trad. Jane Zielonko. London, Secker & Warburg, 1953) para descrever a postura que o intelectual era obrigado a adotar, caso vivesse num regime comunista.

ou dos quatro Evangelhos cristãos, todos os quais também fazem parte do cânone. O único texto que tem verdadeira autoridade – o *Livro da Sabedoria* (*Kitab al-Hikma*) – é tão sagrado que aqueles poucos que têm permissão para lê-lo também são proibidos de revelar o que ele diz. Além disso, os drusos são dispensados de toda necessidade de descobrir sua doutrina, ou de fazer proselitismo em nome dela, pela crença de que, até a volta de Hakim, no dia do Juízo, suas almas passarão de corpo a corpo. Toda criança que nasce numa família drusa é a reencarnação de outro druso e, portanto, não tem necessidade de novas iniciações. Essa curiosa crença data do sucessor de Hamza, al-Moktana (morto por volta de 1040), que afirmou, em seu leito de morte, que o mundo era um lugar maligno demais para merecer seus esforços para melhorá-lo e, logo, deveria esperar até o dia do Juízo para ser redimido.

Assim, desde o século XI, as almas dos drusos migram de corpo em corpo, ocultando dos olhos mortais o segredo de seu destino final e carregando apenas a mais vaga impressão da verdade que as distingue. O *Livro da Sabedoria* foi dado ao mundo por um estudioso americano – mistério nenhum, por sagrado que seja, está a salvo dos caçadores do grau de PhD. Porém, ele consiste na mistura dos opostos sublimes e em portentosas advertências conhecidas de mil obras ocultas, não sendo um guia mais claro do propósito de Deus do que os textos de *Madame* Blavatsky ou as sinfonias de Skryabin. Mesmo assim, o catecismo druso, impresso por Henri Guys, cônsul francês no Levante, em 1863, deixa bastante claro que os drusos rejeitam os principais preceitos do Islã, consideram-se isentos de suas sete obrigações e tornam sua fé inteligível por meio de uma versão embaralhada do simbolismo cristão, associando a Hakim e a Hamza os vários atributos de Deus Pai e de Deus Filho.[5]

A comunidade drusa, hoje, é presidida por uma elite de iniciados, que constituem cerca de 15% da população, e está dividida entre aqueles que têm o título de *sheikh el-'aql* – senhores de sabedoria – e os *'uqqal* – sábios.[6]

---

[5] O catecismo druso pode ser lido em Luc-Henri de Bar, *Les Communautés Confessionelles du Liban*. Paris, Éditions Recherche sur les Civilisations, 1983, p. 139. Ver também H. Z. (J. W.) Hirschberg, "The Druzes". In: A. J. Arberry (org.), *Religion in the Middle East*, vol. 2. Cambridge, Cambridge University Press, p. 330-48.

[6] Às vezes a elite e os restantes (os *juhhal*, ou "ignorantes") distinguem-se (por exemplo, por Péroncel-Hugoz, *Une Croix Sur le Liban*. Paris, Éditions Lieu Commun, 1984op.) como

A elite continua guardando zelosamente os segredos que lhe foram confiados, e todos os drusos são praticantes tão minuciosos de *taqiyya* que conseguem participar da missa cristã sem se sentir vagamente sacrílegos, e também das preces da sexta-feira e do culto da sinagoga. Os drusos da Palestina estiveram entre os poucos capazes de acomodar a nova ordem judaica, e contingentes drusos do exército israelense foram particularmente bem-sucedidos em policiar o Shouf, por sua simpatia por povos que ocultavam atrás de costumes rivais uma lealdade mística idêntica à deles.

Quando o correspondente ocidental descobre que, desde 1949, os drusos leais a Jumblatt foram organizados na forma de um Partido Progressista Socialista, e que seu líder, Walid Jumblatt, ocupa uma posição (já ocupada por Golda Meir), hoje, de vice-presidente da Internacional Socialista, ele tem de lembrar da prática de *taqiyya*. No passado, os líderes drusos denominaram-se, segundo pediam as circunstâncias, ora sunitas, ora católicos maronitas, ora protestantes – e com toda aparência de sinceridade, pois *ketman* tem a sinceridade (esse elaboradíssimo artefato social) como objetivo. Chega a surpreender, num mundo que não tem religião mais intimamente aliada ao poder do que a religião de Marx, que os drusos agora tenham todos se convertido, até o último, à causa do socialismo?

Foi sob a jurisdição benigna de um emir druso – Fakhr al-Din II – que a "montanha dos maronitas" conquistou, no século XVIII, sua maior medida de independência do Império Otomano. O próprio Fakhr al-Din devia sua vida à família maronita de Khazen e, apesar de disputas e conflitos ocasionais, o emirado baseava-se na relação entre drusos e maronitas. Quando os emires Shihab, sucessores da família Ma'n de Fakhr al-Din, converteram-se do sunismo para o cristianismo, isso foi bem recebido pelas duas comunidades, como indicador de um afastamento da cultura dos otomanos para a cultura indígena do Monte Líbano. O emir cristão continuou a ser conhecido internacionalmente como "o emir dos drusos". (O nome "Líbano" foi usado para denotar a ordem política estabelecida no monte apenas em 1861; até essa época, o Líbano consistia em dois *vilayetler* turcos – o *vilayet* de Trípoli e o *vilayet* de Damasco.)

---

rouhani (espirituais) e *jismani* (corpóreos). Porém, esses termos — emprestados do jargão administrativo dos otomanos — não representam as ideias dos drusos.

3. OS XIITAS

Os xiitas do Líbano pertencem à variedade mais moderada conhecida como os duodecimanos — aqueles que aceitam que os descendentes de 'Ali por seu filho Husayn são imãs até a 12ª geração. (No Líbano, os duodecimanos também são chamados *mitwali*.) Originalmente, no período fatimida, os xiitas floresceram na Síria e dominaram o Líbano, excetuando os distritos do Norte, ocupados pelos maronitas. Na época da primeira cruzada, a dinastia xiita governava Trípoli, ao passo que o xiismo florescera antes no Wadi el-Taym, e provavelmente no Shouf, até que os habitantes dessas regiões se converteram ao drusismo. Com o declínio do poder fatimida, os xiitas perderam sua alavancagem internacional; quando os cruzados foram enfim expulsos da Síria, os sultões mamelucos, que eram sunitas, reduziram os xiitas à servidão.

Na região Sul (o Jabal 'Amil), e em parte da Beqaa, os xiitas conseguiram preservar sua cultura, mantendo tenazmente, em aldeias, as tradições xiitas de teologia e de estudo. Quando o xá Ismai'il, no começo do século XVI, proclamou o xiismo a religião oficial do Irã, ele em parte procurou no Líbano os sacerdotes necessários para realizar seu propósito. Importantes famílias xiitas emigraram do Líbano para a Pérsia, a fim de participar da criação da jurisdição xiita que manteria os *Usul al-Din* — os princípios da fé. O elo entre os xiitas e o Irã (que em certa medida é paralelo àquele entre os maronitas e o papado) persistiu até os dias de hoje, com fatídicas consequências. O elo foi ainda mais importante na medida em que os xiitas são a única minoria oriental que não encontrou nenhuma potência "moderna" disposta a agir como sua protetora. Numa época em que os maronitas eram apoiados pelos franceses, os sunitas pelos turcos e os drusos pelos britânicos, os xiitas foram amplamente ignorados por aqueles que lutavam pelo poder na região.

4. OS SUNITAS

Os sunitas chegaram mais recentemente, vindo com os mamelucos e com os otomanos. Até o fim do século XIII, a população da Síria e do Líbano era amplamente cristã, e, entre os muçulmanos, predominavam os xiitas. Os cristãos tinham se juntado aos cruzados, ao passo que os xiitas não tinham defendido com firmeza a causa islâmica. As duas comunidades, portanto, foram marcadas pela perseguição por dinastias sunitas sequiosas de estabelecer um controle inquestionável sobre seus territórios. Num período em que a alternativa à conversão era a penúria ou a morte, o sunismo conquistou muitos convertidos reais ou aparentes (entre os drusos).

Ao longo do tempo, os sunitas se estabeleceram como uma importante comunidade libanesa, gozando, junto com os ortodoxos gregos, de um relacionamento especial com Constantinopla. Eles se tornaram os mais submissos entre os súditos do sultão, tendo pouco desejo de um Líbano independente. Dependentes da boa vontade oficial, eles não desenvolveram nem a independência dos drusos e dos maronitas, nem a nostalgia perplexa dos xiitas, mas entraram no período moderno com um sentido não diminuído de apego a uma autoridade transnacional. Por isso, os sunitas tenderam a defender uma causa "árabe" e a dar credibilidade à ideia de que ser árabe era algo mais do que falar uma língua semítica particular.

5. ORTODOXOS GREGOS E CATÓLICOS GREGOS

Essas duas comunidades eram originalmente uma única comunidade, conhecida no Levante como melquitas – da palavra siríaca *mal'kaye* (em árabe, *malakiy*), que significa "monarquista". Eles eram chamados assim pelos monofisitas (jacobitas e coptas), em reconhecimento do fato de que praticavam a religião de Bizâncio, como definida pelos Concílios de Éfeso (431) e Calcedônia (451) diante das heresias nestoriana e monofisita – distinguindo-se assim da maior parte da população do Egito e da Síria. A maior parte dos melquitas estava conectada com a administração do Império Bizantino, ou então pertencia à classe comercial cosmopolita, sendo sua posição neste império comparável à dos sunitas sob os otomanos.

O cisma de 1054 foi estritamente entre Roma e Constantinopla e afetou apenas indiretamente os patriarcados ortodoxos de Alexandria, de Antioquia e de Jerusalém, que à época não estavam mais sob domínio bizantino. Porém, com a captura de Constantinopla pelos turcos, em 1453, todos os súditos cristãos do Império Otomano foram incluídos nas *millet* gregas administrados pelo patriarca de Constantinopla (sobre o sistema *millet*, ver, a seguir, o Capítulo 3). Com a conquista turca da Síria e do Egito, em 1517, os três patriarcados orientais perderam sua independência eclesiástica e civil, tornando-se súditos de Constantinopla em todas as questões. Em seguida, eles abandonaram seus ritos individuais (que permaneciam muito mais próximos dos ritos de seus vizinhos monofisitas) em prol do rito bizantino, e seu clero ficou cada vez mais helenizado.

Em 1724, Cirilo VII, patriarca recém-eleito de Antioquia, entrou, junto com seu rebanho, em plena comunhão com Roma. Isso representou em parte uma reação árabe contra a tirania combinada de gregos e de turcos. O movimentou espalhou-se por todo o Levante, com muitos ortodoxos de língua árabe preferindo Roma — que estava distante e tinha menos disposição de interferir — a Constantinopla, que, nesse caso, reagiu nomeando um patriarca rival para Antioquia. O patriarca católico grego teve de fugir — e para onde mais, senão para o Líbano (onde foi friamente recebido por um ciumento patriarca maronita, também chamado "de Antioquia")? Em seguida, os nomes "melquita" e "católico grego" foram aplicados ao ramo da Igreja Grega que tinha entrado em comunhão com Roma, ao passo que o nome "ortodoxo grego" era aplicado à igreja leal a Constantinopla (que é, no entanto, confusamente chamada *roum*, em árabe, em reconhecimento à sua lealdade original ao imperador dos romanos).

A população ortodoxa grega foi muito aumentada, no período otomano, por mercadores e por administradores que iam para a região gozando da boa vontade especial das autoridades otomanas. Durante o século XIX a comunidade ortodoxa também gozou da solicitude do tsar, e, até hoje, os ortodoxos árabes têm um apego idealista e romântico à mãe Rússia — apego esse que o Kremlin rapidamente explorou. Os ortodoxos do Líbano agora consistem em dois grupos: de um lado, patrícios ricos, cosmopolitas, educados em inglês e em francês que, após flertar um pouco com a noção de uma Síria Maior (ver, a seguir, o Capítulo 3), em geral, apoiam o Estado libanês; de outro, aldeões, donos de lojas e artesãos urbanos que, muitas vezes, foram influenciados por professores marxistas ou pan-arabistas. Nenhum dos dois grupos guardou muito conhecimento das profundidades de sua religião, e muitos são agnósticos, unidos por resquícios de sentimentos de lealdade quase tribal. Todos pertencem ao patriarcado de Antioquia, e seu patriarca (atualmente um libanês) reside em Damasco.

No século XVIII, após as perseguições turcas na Síria (perseguições secretamente apoiadas pela Igreja Ortodoxa Grega), muitos católicos gregos fugiram para o Líbano. Em 1830, as autoridades otomanas, reconhecendo a inimizade entre católicos gregos e seus irmãos ortodoxos, transferiram-nos da *millet* católica grega para a armênia. Eles adquiriram a própria *millet*, em 1848. Em vez de ofender os ortodoxos nomeando patriarcas católicos rivais de Jerusalém e de Alexandria, a Santa Sé, desde 1838, conferiu plena responsabilidade por todos os católicos melquitas a um único patriarca, e permitiu que ele assumisse os seguintes títulos: "Sua Beatitude [Máximo III], Patriarca das Grandes Cidades de Antioquia — cidade de Deus —, de Alexandria e de Jerusalém, de toda a Palestina e da Transjordânia, da Cilícia, da Síria e da Ibéria (isto é, Geórgia), da Arábia, da Mesopotâmia, da Líbia e de Pentápolis, da Etiópia, da Núbia, do Egito Superior e Inferior e de todo o Oriente, Pai dos pais, Pastor dos pastores, Sumo sacerdote dos sumos sacerdotes, Décimo-Terceiro Apóstolo e Juiz Universal".

Apesar desses magníficos títulos, vindos do período de Justiniano, o patriarca melquita era obrigado a obter a confirmação de sua eleição tanto do papa em Roma quanto do sultão otomano. Hoje, ele reside, assim como seu rival ortodoxo, em Damasco, negociando da melhor maneira que pode em nome de seu rebanho no Líbano, que se tornou tão essencialmente libanês em sua perspectiva quanto os maronitas. Embora eles tenham uma liturgia mais deslumbrante, mais dramática, mais evocativa de comércio e aventura do que o rito simples dos maronitas, os melquitas compartilham o sentido maronita de serem apóstolos privilegiados de Cristo, com um direito especial ao Líbano, e com um dever particular de manter ali um testemunho ininterrupto do Evangelho. E, assim como os maronitas, os melquitas gozaram de proteção ocidental constante. (Historicamente, essa proteção veio dos habsburgos, que — governando como católicos territórios com vastas congregações ortodoxas — adquiriram pelas igrejas uniatas uma simpatia que, com o tempo, estendeu-se muito além das fronteiras do império.)

6. AS MINORIAS

A. Cristãos

Entre as minorias cristãs, os protestantes são historicamente a mais importante, descendendo das conversões feitas no último século como resultado das atividades missionárias de evangelizadores ingleses, escoceses, irlandeses, americanos, suíços, alemães e holandeses. A maior parte desse zelo missionário dirigia-se aos judeus; porém, caiu em solo fértil apenas entre aqueles que já eram membros de uma comunidade cristã. Nem os muçulmanos, nem os drusos trouxeram muitos convertidos, embora os drusos fossem sensíveis às vantagens associadas a uma conversão aparente. Os protestantes eram protegidos especiais do embaixador britânico na *Porta*[7] e, como resultado da influência do conde Canning, adquiriram *status* de *millet* própria. Hoje, as comunidades protestantes têm pouco do fervor evangélico que lhes deu origem, tendendo a atitudes agnósticas, hesitantes e liberais ocidentais.

Existem muitas outras minorias cristãs, em sua maioria refugiados da Primeira Guerra Mundial, com seus conflitos associados. Os mais numerosos são os armênios, que mantiveram o próprio idioma, demonstram um apego surpreendente à sua identidade nacional e resistiram à integração. Ao mesmo tempo, são libaneses leais, aprenderam árabe (somando-o a seu armênio nativo e ao turco) e são mercadores e empresários de sucesso. Desde o século XVIII, eles estão divididos, de um modo paralelo ao dos melquitas, entre católicos e monofisitas (também conhecidos como ortodoxos armênios ou gregorianos). Os dois patriarcas armênios residem no Líbano. Também há uma comunidade de protestantes armênios.

O mais curioso de tudo são os dois ritos siríacos, outra vez divididos respectivamente numa variedade católica e outra não católica. O rito siríaco ocidental representa a antiga igreja de Edessa, cujos membros vinham do Norte da Síria e do que atualmente é o Sul da Turquia. O rito siríaco oriental representa a antiga igreja de Nísibis e do Império Sassaniano. Desde o século XVI, o ramo católico oriental é liderado por um patriarca com o título de "Babilônia e Selêucia-Ctesifonte", sendo seus seguidores conhecidos como caldeus. Hoje, eles são encontrados principalmente no Iraque e no Irã, ao passo que o patriarca mesmo reside em Bagdá. Existe uma linhagem paralela de patriarcas nestorianos hereditários (isto é, de tio a sobrinho), cujo rebanho é conhecido como assírio (eles eram inicialmente protegidos pelos britânicos, mas, em 1933, foram abandonados à própria sorte[8]). Todas as quatro igrejas siríacas têm uma hierarquia no Líbano, e,

---

[7] Sublime Porta, como era conhecido o Império Otomano.

[8] Os patriarcas assírios transferiram sua residência do Curdistão para a Inglaterra, para os Estados Unidos, para o Iraque e para o Sul da Índia, onde o padrão foi reproduzido em cada um dos casos. Graças a uma complexa história de perseguição na Ásia, é o Sul da Índia, hoje, que tem o maior número de aderentes das igrejas siríacas. Há duas igrejas católicas

em certos subúrbios de Beirute Oriental, você ainda consegue ouvir esses refugiados da perseguição turca falando uns com os outros em seu neoaramaico nativo – a língua de Cristo e dos apóstolos.

Por fim, há os latinos: estes são os descendentes de mercadores francos ou de conversões feitas, antes do século XVIII, pelo clero italiano (que começara a desconfiar da validade dos ritos orientais). A maior parte dos libaneses latinos é de origem palestina, e todos gozaram da proteção de vários governos italianos. Sua importância é maior do que sugerem seus números, pois a maior parte das ordens religiosas é de rito latino, embora recrutem em comunidades católicas de todas as formas.

B. Não Cristãos

Três minorias não cristãs foram importantes na história do Líbano moderno: judeus, alauítas e ismaelis. Os primeiros quase desapareceram como resultado da perseguição e da emigração para o vizinho Israel. Os alauítas (que dizem tirar seu nome de 'Ali, enteado do profeta, pois seu nome tradicional – *nosayiri* – ficou maculado aos ouvidos dos muçulmanos ortodoxos) vivem majoritariamente fora do Líbano, nas montanhas Ansariyeh. Assim como os drusos, eles vieram do xiismo e praticam *ketman*; e, como os drusos, não são amplamente considerados muçulmanos. Os alauítas são, antes, ainda mais adeptos da dissimulação do que os drusos, e o ardil extraordinário de um deles – Hafiz al-Assad, presidente da Síria – levou a seu domínio não apenas na Síria (que tem maioria sunita), mas cada vez mais no Líbano.

Os alauítas que são cidadãos libaneses vieram majoritariamente por razões comerciais, a fim de gozar das enormes vantagens comerciais associadas à relação privilegiada do Líbano com o Ocidente. Os ismaelis, por outro lado, que vieram para o Líbano da mesma área do que, hoje, é a Síria, são refugiados da perseguição alauíta.

—

(a edessena e a nisibita), uma igreja monofisita (edessena), uma nestoriana (nisibita) e, por fim, uma igreja anglicana (que segue um rito misto). Todas são descendentes dos cristãos de São Tomé, afirmando origem apostólica, e dependendo da Mesopotâmia desde os primeiros séculos da nossa era. Na Índia, atualmente falam uma língua tamil, o malaialo.

Os grupos citados são primariamente religiosos e só secundariamente étnicos e linguísticos (os armênios são a exceção). Todos foram reconhecidos pelo Estado libanês como comunidades independentes e protegidos pela Constituição e pelo Pacto Nacional (ver, a seguir, o Capítulo 4). De outra parte, aqueles de chegada mais recente ao Líbano são grupos *nacionais* e não obtiveram nenhum reconhecimento nesse sentido da Constituição. Os principais entre eles são os curdos, os beduínos (ambos, teoricamente, sunitas) e – mais importante de todos – os palestinos. Aos curdos e aos beduínos nunca foi oferecida a cidadania libanesa (fato muitas vezes mencionado por Assad em seus ataques dissimulados ao assentamento libanês). Por sua vez, os palestinos que vieram como refugiados, entre 1947 e 1949, foram plenamente recebidos como cidadãos e agregados a suas respectivas comunidades (de sunitas, ortodoxos, latinos, melquitas ou maronitas). A situação e a conduta desses primeiros imigrantes contrastam nitidamente com as da segunda leva de palestinos, que vieram como guerrilheiros armados, buscando alojamento temporário, enquanto não acontecia a "reconquista" da Palestina. Eles não sentiram nem afirmaram sentir a menor lealdade ao Estado libanês, permanecendo fora de sua lei e hostis a seu espírito de concessões. E jamais quiseram a cidadania libanesa, a qual nunca lhes foi oferecida.

CAPÍTULO 3
Um Olhar Sobre a História
—

DE 1516 ATÉ o fim da Primeira Guerra Mundial, o Líbano era parte do Império Otomano. Antes disso, havia obtido uma espécie de independência efêmera; os libaneses estão até dispostos a dizer que seu país existe como nação desde tempos fenícios. O que é certo, porém, é que mesmo na época de Fakhr al-Din, a independência do Monte Líbano nunca foi resolvida nem aceita, mas apenas motivo de disputa.

O emirado provocou os ciúmes da Porta, que constantemente tentava reafirmar seu poder, por meio da força ou de subterfúgios, sobre os drusos e os maronitas. Na primeira parte do século XIX, o Império Otomano tinha perdido o controle de suas províncias mais distantes e não podia mais efetivamente resistir às demandas que lhe eram feitas pelas potências ocidentais. A ascensão de Muhammad 'Ali, no Egito, não podia nem ser enfrentada por Constantinopla, nem tolerada ali: o resultado foi uma crise por todo o império, com os súditos do sultão respondendo às novas ideias de independência nacional e de governo ocidentalizado. Quando Bashir II, o emir cristão, fez uma aliança com Ibrahim Pasha, filho de Muhammad 'Ali, o império se moveu em seu leito de doente e olhou em volta, procurando a oportunidade de reafirmar seus direitos.

Bashir II já tinha encontrado resistência dos drusos, cuja *'uqqal* opunha-se ao édito de conscrição de Bashir, afirmando que não era permissível que um druso servisse num exército muçulmano. Em 1838, uma revolta drusa contra o domínio egípcio da Síria foi contida pelo emir. A Porta começou a enxergar os drusos como aliados, assim como os britânicos, que desejavam apoiar o Império Otomano contra as investidas desestabilizantes de Muhammad 'Ali. Quando Bashir II, obedecendo ordens de Muhammad

'Ali, começou a desarmar os cristãos, este decidiu juntar-se aos drusos e aos xiitas: as três comunidades rebelaram-se contra o emir. A França e a Inglaterra interferiram para afirmar a soberania turca, Bashir II foi deposto, e o fraco e vacilante Bashir III foi colocado em seu lugar.

Os chefes drusos, que tinham sido tratados de maneira despótica por Bashir II, voltaram para casa para reivindicar seus antigos privilégios, e surgiram tensões entre drusos e cristãos. Os otomanos incentivavam o conflito sectário, acreditando que ele apenas enfraqueceria o poder do emir e, assim, fortaleceria o do sultão. Um ardiloso patriarca maronita, Yusuf Habaysh, exasperou ainda mais os drusos, ao mesmo tempo que uma missão síria recém-estabelecida trouxe escolas protestantes dos Estados Unidos e da Grã-Bretanha para o interior do Líbano, incitando os maronitas a uma defesa belicosa de Roma, e oferecendo aos drusos (os grandes beneficiários do gesto) uma nova e interessante oportunidade de *taqiyya*. Logo a alienação entre as comunidades estava completa e, ao final de 1841, a luta irrompeu no Shouf. Em 1842, o Líbano tinha caído na anarquia e os turcos conseguiram entrar com uma nova dispensação para o governo do país, sabendo que seriam temporariamente bem recebidos por um povo que só eles podiam resgatar da guerra civil. (A tática turca seria repetida, quase um século e meio depois, por Hafiz al-Assad, presidente sírio.)

O emirado foi dissolvido e o país reorganizou-se como um duplo *kaymakamate*. Um *kaymakam* maronita governaria a região Norte, e um druso governaria o Shouf: ambos responderiam ao paxá de Sídon, em Beirute. Segundo o *règlement*, de Shahib Efendi (ministro otomano das Relações Exteriores), cada *kaymakam* presidiria um conselho composto de um vice-*kaymakam*, junto com o juiz e um conselheiro para cada uma das seitas sunita, maronita, drusa, ortodoxa grega e católica grega, e um conselheiro para os xiitas (que, no entanto, não podiam receber um juiz próprio sem reconhecer a validade das tradições xiitas). Esse foi o primeiro reconhecimento constitucional de um princípio que pouco a pouco se tornaria dominante no Líbano – o princípio do confessionalismo (ver, posteriormente, o Capítulo 4).

Apesar do sucesso inicial, o *kaymakamate* começou a desabar diante das disputas não resolvidas entre as comunidades. Com a nomeação, em 1854, de um patriarca maronita intolerante, a situação decididamente piorou. Complexas manobras das potências ocidentais nada faziam para melhorar a situação, e, ao mesmo tempo, uma revolução agrária conduzida pelos camponeses maronitas levou a um enorme levante social, o qual ameaçava o poder dos chefes feudais, tanto cristãos quanto drusos. Por fim, surgiu um movimento camponês entre os cristãos com o estabelecimento, em 1858, de uma frágil "República Cristã". Isso deixou os otomanos tão alarmados que, outra vez, eles deram as boas-vindas à guerra civil como único meio de manter seu domínio.[1] Quando a guerra irrompeu, em 1860, a comunidade cristã sofreu horrivelmente — quinze mil pessoas perderam a vida, muitas das quais massacradas terrivelmente, e a opinião pública da Europa exigiu uma intervenção das potências. Saîd Jumblatt e Nafiya, sua sádica irmã, desempenharam um vergonhoso papel nesses acontecimentos. Foi Kamal, descendente de Saîd, que, em 1976, iniciou outra onda de massacres no Shouf, em nome de um Partido Progressista Socialista ao qual seus servos cristãos tinham zelosa, mas inutilmente, oferecido obediência. Dessa vez, porém, a voz da cristandade ficou quieta, assim como ficou quieta em 1983, quando os massacres foram reiniciados por Walid, filho de Kamal.

Agora, assim como naquela época, o conflito entre drusos e maronitas não é nem doutrinal, nem dependente do confronto maior entre Islã e cristianismo. Ele deriva do colapso da soberania, numa região em que as lealdades se desenvolvem independentemente do poder soberano. Esse colapso da soberania é ele próprio o legado da doença otomana. Quando a Porta perdeu o controle de seus domínios, também perdeu o controle de si mesma, deixando de lado o princípio de tolerância e permitindo a destruição de minorias para compensar sua incapacidade de governá-las. Até então, os otomanos incentivavam uma espécie de representação nacional. Cada súdito da Porta pertencia a uma *millet* (ou *nação*), definida primariamente pelo costume religioso ou pela confissão. As *milletler* eram representadas separadamente diante do trono do sultão, e a rivalidade entre elas era resolvida pela adjudicação da Porta. Mesmo aquelas seitas que, por serem heréticas aos olhos dos sunitas, tiveram a própria *millet* recusada gozavam de uma autoridade *de facto* em questões de governo doméstico e civil. Assim, o governo da Sublime Porta dependia de maneira crucial de uma autoridade que, enquanto era politicamente subordinada, era emocionalmente muito mais forte e muito mais fácil de entender para o *fellah* comum em

---

[1] A história do conflito aparece em Coronel Charles Churchill, *The Druze and the Maronites under the Turkish Rule, from 1840 to 1860*. London, Bernard Quaritch, 1862. O relato em primeira mão de Churchill é uma comparação interessante, por sua escrupulosa justiça, com as descrições feitas pelos jornalistas modernos da nova "guerra civil".

seu campo: a autoridade de um bispo, de um *sheikh el-'aql* ou de um *'alim*, que encarnava em seu cargo e em sua pessoa as amarras de um laço mais firme e mais tribal. Com o declínio do império, os direitos e os privilégios das *milletler* foram continuamente deixados de lado por um poder central que acolhia o conflito sectário como a melhor garantia de sua sobrevivência. Assim, cada vez mais, as lealdades sectárias vieram a prevalecer sobre a obediência ao sultão, e quando, na crista da Primeira Guerra Mundial, a obediência foi anulada, os súditos do império viram-se sem outro senhor além daquele que o costume religioso lhes tinha concedido.

Mesmo assim, de todos os países afligidos pelo problema da sucessão otomana, o Líbano foi, depois da Turquia, o que tinha a melhor chance de estabilidade. De uma forma ou de outra, o país manteve desde tempos clássicos certa independência. Em função de seu interior montanhoso, ele conseguiu proteger-se dos inimigos e servir de refúgio para as tribos mais aventureiras da Ásia Menor e do Crescente Fértil[2]. E graças a seus portos no Mediterrâneo, gozou da liberdade e do respeito pela lei que são os concomitantes naturais do comércio. Quando Fénélon desenvolve sua grande defesa do livre-comércio sob o estado de direito, é por meio de um relato fictício da Fenícia.[3] Já Volney, ao tentar explicar a prosperidade do Líbano, escreveu: "Como explicar essa profusão de homens num território tão pequeno? Tendo considerado tudo, não vejo outra causa além do raio de liberdade que brilha aqui".[4]

Desde os primeiros dias das Cruzadas, os libaneses gozaram de uma relação especial com a França (registrada na palavra *franj*, que significa "europeu", e na maravilhosa amostra de *taqiyya* pela qual os drusos dizem que seu nome vem do cruzado conde de Dreux). Essa relação especial desenvolveu-se rapidamente durante os séculos XVI e XVII, após as capitulações otomanas. E, na crista da guerra civil de 1860, depois da intervenção das potências ocidentais, foram os franceses, com a ciosa cooperação dos britânicos, que desempenharam o maior papel no estabelecimento de uma nova ordem política. O novo Estado – o *Moutassarifiah*, conhecido como

---

[2] Região que abrange a Palestina, Israel, Jordânia, Kuwait, Líbano e Chipre, bem como partes da Síria, do Iraque, do Egito, do Sudeste da Turquia e Sudoeste do Irã.
[3] *Télemaque*, Livro 3.
[4] Volney, apud Kamal S. Salibi, *The Modern History of Lebanon*. London, Weidenfeld & Nicholson, 1965, p. 121.

Le Petit Liban — estendia-se das portas de Trípoli às de Sídon; com uma população em que predominavam os cristãos, rapidamente gozou de uma unidade de perspectiva que parecia não ser ameaçada por conflitos sectários. Protegida pelas potências ocidentais, era nominalmente governada pela Porta; o sultão nomeava o *moutassarif* — que, por acordo, deveria ser um cristão otomano de origem não libanesa —, enquanto as Relações Exteriores permaneciam amplamente uma prerrogativa da França.

A Porta, porém, não via com equanimidade a prosperidade, a liberdade e as atitudes esclarecidas do novo protetorado. Afinal, um tipo inteiramente novo de estado estava sendo criado no Oriente Médio, que mostrava o que se podia conseguir quando se descartava o jugo do império. Entre os cristãos, o francês já tinha substituído o siríaco, o latim e o grego como língua de cultura, e o italiano como língua de comércio. Este último se voltava cada vez mais para o Ocidente e as escolas e universidades cristãs estavam atraindo professores da Europa e dos Estados Unidos, e alunos dos mais distantes confins da Arábia. Em 1866, o Colégio Protestante Sírio foi fundado em Beirute, consumando um processo temido pelos maronitas — o estabelecimento, em solo libanês, de tradições céticas de estudo. O colégio logo obteve *status* universitário e, hoje, é conhecido como a Universidade Americana de Beirute. (Em resposta à UAB, os jesuítas fundaram a Universidade Católica de São José.) Os temores maronitas também não deixavam de ser justificados. As escolas protestantes foram terreno fértil para revolucionários e a Universidade Americana foi o canal por onde a ideologia dos anos 1960 entrou na consciência libanesa. Durante os últimos dez anos a Universidade foi intimidada por palestinos armados, cujo respeito pelos valores de uma educação liberal é mais ou menos tão grande quanto o de Gêngis Khan, mas que chegaram com a bênção de radicais universitários alimentados pelas atitudes de Marcuse, de Chomsky e de Sartre.

Mesmo assim, foi em parte graças aos missionários americanos que o *Moutassarifiah* consolidou seus laços com o Ocidente e tornou se o ponto de escala das atitudes e dos valores ocidentais. Sob influência protestante, os apegos locais dos libaneses sofreram um forte abalo. A nova Bíblia em árabe (também obra de missionários americanos) estimulou um renascimento literário mais geral, que tentou ser tanto árabe quanto moderno (em sentido europeu). Esse período viu a modernização não apenas da cultura árabe, mas também da língua árabe, que — em grande parte sob influência cristã libanesa — tornou-se um veículo para a prosa imaginativa, para tratados históricos e técnicos, e para o jornalismo.⁵ Se existe cultura árabe moderna, é, quase integralmente, por conta daquilo que foi obtido ao longo do último século e meio, no Líbano.

Assim, ali começou a surgir, no fim do século XIX, um conflito entre dois imperativos territoriais conflitantes: o de uma *Grande Syrie* (a "Grande Síria") — da qual o Líbano seria apenas uma seção litorânea — e o de um *Grand Liban* (como veio a ser conhecido), cuja fronteira se estenderia o máximo possível dentro dos territórios que poderiam, em alguma construção favorável, ser vistos como sucessores legítimos do emirado.⁶ A primeira ideia expressava os sentimentos cosmopolitas das elites urbanas; a segunda, porém, apelava à maioria cristã, como a justificação final de sua luta secular por uma república cristã árabe. Surgiu um sentimento pan-arabista e, com ele, uma nova aspiração territorial — aspiração não de independência, mas de seu contrário, não de um "Grande Líbano", mas de uma "pátria síria", que uniria os árabes do Oriente Médio contra a dominação estrangeira. Essa aspiração não era em seu todo compartilhada pelos maronitas, nem pelos drusos, nem pelos xiitas, cada um dos quais permanecendo ligado à terra que tinha abrigado seus antepassados, e que fora comprada com tanto sofrimento.

Os turcos vingaram-se terrivelmente dos libaneses durante a Primeira Guerra Mundial, arquitetando uma fome que matou um terço da população. Depois da vitória aliada, e do colapso do Império Otomano, foram implementados os acordos Sykes-Picot, assinados pela França, pela Grã-Bretanha e pela Rússia tsarista (que deixara de existir no momento em que eles foram implementados), que dividiam os territórios sucessores do império em esferas francesas, britânicas (e, originalmente, russas). O Líbano passaria, junto com o recém-criado protetorado da Síria, para o mandato

---

⁵ Sobre a Renascença Árabe, que começou nessa época, no Líbano, e que de fato pode ser descrita como uma realização distintamente libanesa, ver o abalizado estudo de Albert Hourani, *Arabic Thought in the Liberal Age*. Oxford, 1963.

⁶ Entre os expoentes importantes e influentes da ideia da *Grande Syrie* estão Edmonde Rabbath, *Unité Syrienne et Devenir Arabe*. Paris, 1937, e Georges Sammé, *La Syrie*. Paris, 1920. Não eram apenas os sunitas que defendiam a ideia, tampouco apenas aqueles que sonhavam com uma *umma* [comunidade] pan-islâmica. Ela também recebeu o forte apoio do padre H. Lammens, jesuíta belga, em seu influente estudo *La Syrie, Précis Historique*, 2 vols. Beirute, 1921. Do outro lado, foram particularmente influentes Albert Naccache, "Nôtre Avenir Économique", *Revue Phénicienne*, jul. 1919, e Charles Corm, editor da *Revue Phénicienne*.

francês e assim concluiria o movimento para a autonomia francófona, que começara em 1860. Talvez tivesse funcionado, não fosse pelo fato de que nem os sírios, nem todos os libaneses estavam dispostos a aceitar a fronteira traçada entre seus países.

Os árabes da Síria ressentiam-se particularmente dos acordos, e Faizal, filho de Sharif Hussein e aliado britânico, declarou um reino árabe na Síria, iniciando um ataque contra o Líbano com a intenção de ocupá-lo. Os franceses revidaram, derrotando Faizal e ocupando Damasco. Os libaneses, agora, deparavam-se com uma escolha: fundir-se com a Síria, onde os cristãos eram minoria, ou continuar o mandato francês, separado do Líbano. Ao aceitar a segunda opção, os libaneses selaram seu destino.

Às vezes, diz-se que a fronteira do *Grand Liban* é inteiramente artificial, resultado da ganância maronita e do interesse francês.[7] Na verdade, a fronteira estabelecida, em 1920, corresponde mais ou menos às fronteiras (flutuantes, admitamos) do emirado que existiu do século XVI até 1842. Ela é também uma fronteira geográfica natural, encerrando uma unidade equilibrada e economicamente viável. A fronteira segue o Nahr el-Kebir a Norte, e a cordilheira do Antilíbano a Leste, abrangendo assim a estreita planície costeira, o Monte Líbano e o vasto vale fértil do Beqaa. O *Petit Liban* do *Moutasarrafiah*, embora mais homogêneo, não era uma unidade econômica viável — daí a emigração de tantos residentes cristãos e drusos.

Além disso, o novo Estado não era realmente um exercício de expansão maronita. Ele excluía as aldeias maronitas a Norte do Nahr el-Kebir, que são parte da Síria, hoje, escondidas entre vizinhos alauítas, ismaelitas e ortodoxos gregos. E também as aldeias maronitas da Galileia, atualmente parte de Israel e vítimas de destruição israelense gratuita. Muitos libaneses tinham dúvidas a respeito da inclusão do Sul do Líbano dentro da fronteira. Os sionistas reclamaram esse território, afirmando que o Israel histórico chegara ao Litani (antigo Leontes) e ao Monte Hérmon. Quando isso aconteceu, sob pressão sionista, lorde Curzon convenceu os franceses a ceder a área do Lago Huleh à Palestina, junto com seis aldeias xiitas e duas cristãs logo ao Sul da atual fronteira — aldeias que, hoje, estão abandonadas por seus donos.

---

[7] Ver, por exemplo, o relato em S. H. Longrigg, *Syria and Lebanon under French Mandate*. London, 1958, p. 116-17.

A razão mais importante para incluir tanto o Sul do Líbano como o Nordeste de Beqaa era a presença de uma grande população xiita nesses dois lugares — já que não havia xiitas na Síria, na Jordânia ou na Palestina (excetuando-se as seis aldeias amputadas, mencionadas há pouco). Apesar de serem economicamente atrasados, os *mitwali* do Líbano são um povo à parte, orgulhoso de suas tradições e de sua literatura. Era, portanto, lógico incluí-los no acordo histórico. O desejo não era meramente acrescentar outra confissão à balança. Era também obter a estabilidade regional, incluindo todos aqueles que, de outro modo, poderiam ser vitimados como minorias dentro de um único estado pluralista. Todas as minorias, supunha-se, teriam interesse em manter um contrato social que não dava poder absoluto a nenhuma delas. Essa visão não era só dos franceses; era compartilhada pelas próprias comunidades e, em particular, por aquelas seis que tinham sido consideradas heréticas pelos muftis sunitas, e que, portanto, gozavam de uma posição social inferior à das comunidades cristãs mais proeminentes. (Deve-se lembrar que, até a fundação da *Moutassarafiah*, nem os xiitas, nem os drusos, nem os alauítas tinham podido ter uma *millet* própria, e todos recebiam uma justiça dura de uma lei que se recusava a reconhecer a validade de suas confissões.)

Especialmente interessante nesse período foi o comportamento dos alauítas. A inclusão desta seita teria levado a uma Síria sem litoral, e a um *Grand Liban* que se estenderia da Turquia à Palestina. Receando seu destino na nova Síria, com sua maioria sunita e suas aspirações pan-arabistas, os alauítas pediram ao governo francês um estado próprio. (O pai de Hafiz al-Assad foi notadamente influente no movimento de independência alauíta, enquanto seu avô apoiou ativamente a criação de um Estado judeu, na Palestina.) Algumas seções da comunidade alauíta, praticando sua *taqiyya* habitual, afirmaram ser cristãs, e até escreveram ao papa usando palavras de partir o coração, oferecendo sua lealdade, na esperança de serem incluídas no acordo libanês. Quando, no entanto, ficou evidente que os alauítas seriam incluídos na Síria, eles obtiveram do mufti sunita de Jerusalém (Amin el-Husseini) uma *fatwah* que os declarava muçulmanos. Uma *fatwah* semelhante foi obtida, quarenta anos depois, por Hafiz al-Assad. Porém, desta vez, foi um imã xiita quem a deu. Nenhuma das duas *fatwahs*, contudo, pode efetivamente cancelar a acusação de heresia profunda e fundamental.

Os alauítas foram excluídos por diversas razões, a principal das quais a crença de que o país resultante teria fronteiras artificiais demais, e seria distante em demasia do emirado histórico, em geografia e em composição social, para ser aceito de imediato por seus habitantes. A decisão se mostraria fatídica não apenas para o Líbano, mas também para a Síria, onde, graças a Assad, os alauítas, hoje, governam a maioria sunita.[8]

Os sunitas foram os menos leais ao novo Líbano, e os que tiveram o menor sentido de identidade libanesa. Receberam o segundo lugar no "Pacto Nacional" informal em relação aos maronitas (ver, a seguir, o Capítulo 4). Sob os otomanos, porém, eles gozavam de precedência sobre todos, e, mesmo depois do colapso do império, guardaram uma perspectiva cosmopolita e um desejo de eminência internacional que não combinavam com seu poder e com seu *status* reduzidos. Nos estados sucessores do Império Otomano, os sunitas foram a única comunidade a não ter chefe e a não ter organização confessional, pois, sendo a antiga classe governante, não tinham nem o *status* de *millet*, nem de minoria protegida. Em longo prazo, a desorientação dos sunitas libaneses se mostraria um dos principais fatores da destruição do acordo libanês.

Apesar da deslealdade sunita, as comunidades consolidaram-se sob a proteção francesa num período de governo ordeiro, em que eleições regulares, uma imprensa livre e um sistema jurídico com autoridade confirmaram o Líbano num caminho que cristãos, drusos e muçulmanos igualmente tinham escolhido: a única democracia constitucional a criar raízes entre povos de língua árabe.

---

[8] Sobre as manobras alauítas, ver Laurent e Basbous, *Guerres Secrètes au Liban*. Paris, Gallimard, 1987, p. 68-76, e também *La Syrie et le Liban sous l'Occupation et le Mandat Français* (uma recolta de relatórios oficiais). Paris, Berger-Levrault, 1929, p. 35 ss.

CAPÍTULO 4
O Estado Confessionalista
—

O **NOVO LÍBANO COMEÇOU** sua vida à imagem do velho, com um estado de direito europeu, e uma Constituição, adotada em 1926. Uma de suas mais importantes provisões é o Artigo 9º, que afirma que: "Haverá absoluta liberdade de consciência. O Estado, ao prestar homenagem ao Altíssimo, respeitará todas as religiões e todos os credos (*mathahib*), e garantirá sob sua proteção um exercício livre de todos os ritos religiosos, desde que a ordem pública não seja perturbada. Garantirá também que o direito pessoal e os interesses religiosos do povo, para qualquer seita (*millet*) a que pertença, sejam respeitados".

A Constituição não diz nada a respeito dos meios pelos quais essa liberdade de consciência será estabelecida e sustentada. Entretanto, o Artigo 95º (emendado subsequentemente, em 1943) afirma que: "Como medida provisória, e em nome da justiça e da afabilidade, as seitas serão representadas de maneira equitativa no emprego público e na composição do Ministério, desde que essas medidas não atrapalhem o bem-estar geral do Estado".

O "confessionalismo", como passou a ser conhecido, não é estabelecido pela Constituição, mas pelo "Pacto Nacional" não escrito, feito em 1943, depois da independência (concedida pelos Franceses Livres). O Pacto, que confirmou a Constituição de 1926 (com certas emendas), também estabelecia que o povo libanês seria representado na Assembleia e nos cargos do governo não diretamente, mas de acordo com sua afiliação religiosa. Ele foi selado entre líderes cristãos e sunitas das cidades litorâneas, cuja força econômica e influência política lhes dava maior alavancagem nas coisas públicas, e mais *poins d'appui* ["pontos de apoio"] com os franceses. E estabelecia não apenas os princípios da representação, mas também os termos básicos da coexistência. Os cristãos, em particular, renunciaram a suas alianças tradicionais (com o Ocidente, em geral, e com a França, em especial), ao passo que os muçulmanos prometeram abandonar suas aspirações pan-arabistas. As duas comunidades deveriam afastar-se do mundo maior e concentrar suas lealdades no Líbano. Georges Naccache, escritor e diplomata libanês, resumiu o resultado num famoso comentário: *deux négations ne font pas une nation* ["duas negações não fazem uma nação"].

Em 1943, porém, essa dupla renúncia parecia ao mesmo tempo viável e correta. Na época, os xiitas eram majoritariamente pobres do interior que viviam junto aos cristãos nas aldeias, em condições de harmonia passiva. Os maronitas compunham o único grande grupo confessional e, como 51% dos libaneses eram cristãos, é inevitável que a maior seita cristã tenha obtido a preeminência.[1] Pela convenção estabelecida no Pacto, o cargo de presidente fica reservado a um maronita, o de primeiro-ministro, a um sunita, o de presidente da Assembleia Nacional, a um xiita, e o de vice-presidente, a um ortodoxo grego. Cada comunidade tem certo número de assentos na Assembleia, sendo as minorias (tanto cristãs como muçulmanas) representadas coletivamente como uma única seita, com um deputado para Beirute escolhido entre elas.

Um argumento usado muitas vezes para explicar a guerra civil, e para justificar a violência das seitas islâmicas, é que não existe mais maioria cristã no Líbano; o viés cristão da Constituição é, portanto, injusto. Certamente, é verdade que houve um crescimento enorme da população xiita. Além disso, os xiitas – originalmente um povo do campo, confinado ao Sul e ao Beqaa, mas movendo-se cada vez mais para Beirute para formar o núcleo da força de trabalho dali – beneficiaram-se menos da prosperidade libanesa do que aqueles cuja afiliação confessional promove influência e controle sobre o comércio.[2] Porém, as mudanças demográficas

---

[1] O direito cristão é defendido em Walid Pharès, *Le Peuple Chrétien du Liban, 13 Siècles de Lutte*. Beirute, Joseph D. Raidy, 1982 – obra com intenção polêmica, mas com um núcleo de bom senso. A ideia de que a guerra civil no Líbano é inevitável, e que a mistura de confissões vai gerar conflitos que o aparato político não pode resolver, é desmentida pelos muitos períodos de paz e de estabilidade que o Líbano gozou ao longo dos séculos. Mesmo assim, é defendida com frequência, por exemplo por Nurit Kliot, "The Collapse of the Lebanese State". *Middle Eastern Studies*, vol. 23, n. 1, jan. 1987.

[2] Sobre a condição dos xiitas, ver Luc-Henri de Bar, *Les Communautés Confessionelles du Liban*. Paris, Éditions Recherche sur les Civilisations, 1983, capítulo 1. Não se deve pensar que o conflito entre xiitas e cristãos seja em qualquer sentido um conflito de classe: existem

e econômicas que aconteceram desde a guerra ocorreram tão rapidamente, e num estado de instabilidade regional tamanha, que seria tolice para os libaneses dissolver o Pacto Nacional a fim de dar conta delas. O objetivo basilar de uma Constituição (e até de uma convenção constitucional, como estabelecida pelo Pacto) é que ela seja *resguardada*, e não sujeita à mudança rápida. Ademais, foi primariamente a presença dos palestinos que garantiu uma preponderância islâmica no Líbano, e os palestinos não são cidadãos libaneses. Considerando todas as confusões e reivindicações concorrentes, portanto, não é tão absurdo que os cristãos mantenham a ordem constitucional existente, sabendo que seu desaparecimento significará o fim do governo representativo e do estado de direito. Além disso, como eles afirmarão, não há censo oficial desde 1932, quando os cristãos foram registrados como maioria: assim, como avaliar as reivindicações rivais de xiitas e sunitas?

Esse argumento, é claro, serve a si mesmo. Se não há censo desde 1932, isso foi em parte porque os cristãos não o incentivaram. Ainda assim, muitas autoridades parecem concordar que resta, no Líbano, um equilíbrio mais ou menos igual entre cristãos e muçulmanos, com os maronitas constituindo a maior seita (seguida de perto pelos xiitas).³ É importante reconhecer a força do argumento cristão. O Pacto Nacional permitiu a emergência de um estado democrático, com eleições livres e estado de direito, numa região que raramente vivenciou esses benefícios. A prosperidade resultante foi invejada pelo Oriente Médio inteiro, inclusive por Israel. E, sem a

---

muitos cristãos pobres, e também alguns xiitas ricos. Porém, em qualquer conflito libanês, as pessoas se unem em torno de sua confissão, e não de seu *status* econômico. Este fato é reconhecido até por Ghassane Salamé, representante sob outros aspectos bastante ortodoxo do esquerdismo AUB – ver G. Salamé, *Lebanon's Injured Identities*. Oxford, Centre for Lebanese Studies, 1986.

³ Mesmo com o pressuposto de que os drusos são muçulmanos, parece haver um acordo considerável de que o número de cidadãos cristãos e muçulmanos no Líbano é mais ou menos o mesmo. Isso foi defendido pelo autor muçulmano Bassem el-Jisr, em *Al-Sira't al-Lubnaniya w'al Wifaq* (*Conflitos Libaneses e o Pacto Nacional*). Beirute, Al-Nahar, 1981. A *World Christian Encyclopaedia*, de 1982, diz que a população cristã é de cerca de 59,7%, ao mesmo tempo que um relatório recente do Minority Rights Group, em Londres, preparado por David McDowell, apresenta a cifra de 45%. Até Habib Chatty, secretário-geral da Conferência Islâmica, afirmou em *France Pays*, 1 fev. 1984, que o número de cristãos e muçulmanos no Líbano é aproximadamente igual.

garantia confessional, a lealdade de todos os libaneses, e não apenas dos cristãos, seria retirada do Estado. Nesse caso, a democracia acabaria e, no lugar dela, viria a ditadura trivial dos países árabes.

A ideia de uma "maioria muçulmana", constituída por uma "subclasse" explorada, foi temporariamente esmagada pelo censo de 1932. Ela é retomada, em 1953, com um panfleto escrito em inglês por Mustafa Khalidi, intitulado *Muslim Lebanon Today*[4] [*O Líbano Muçulmano de Hoje*]. O panfleto – que presume equivocadamente que os drusos são muçulmanos – d aos jornalistas ocidentais sua primeira caricatura conveniente. O renascimento xiita de Moussa al-Sadr, que começou no fim da década de 1960, envolveu uma reivindicação urgente de reavaliação do equilíbrio confessional. Os xiitas, afirma-se desde então, constituem a maior seita muçulmana – 45% de todos os muçulmanos, segundo um autor (não enviesado), e quase 30% de toda a população.[5] No momento em que essas cifras entram na consciência inflamada do jornalista, o fato de que, com frequência, elas se baseiam em pouco mais do que rumores e propaganda local foi esquecido. Para John Kifner, escrevendo no *The New York Times*, em 22 de março de 1987, os xiitas constituem 45% de toda a *população* libanesa – algo que nem mesmo os xiitas afirmam. (A ignorância de Kifner a respeito do Líbano, de onde ele escreve, é confirmada de maneira interessante por sua referência a uma "subclasse xiita sem representação política": os xiitas, é claro, têm representação política, embora a maioria deles afirme que sua seita é sub-representada, tanto na Assembleia quanto nas instituições de governo.) Seja como for, porém, o descontentamento xiita se fez sentir, e foi explorado por aqueles – especialmente os iranianos – mais interessados em abolir por completo as eleições livres do que aumentar a participação xiita nelas.

Preeminência cristã não significa dominância cristã. Segundo o Artigo 9º da Constituição, o Estado libanês está vinculado ao princípio da *laïcité*: completa imparcialidade em questões religiosas. Dessa maneira, e de outras, tentou-se impor à confusão de atitudes do Oriente Médio o ideal de um Estado acima e além das lealdades de família, religião, classe e tribo. O resultado é uma espécie de síntese do sistema turco de *millet*, e do *Rechtsstaat* europeu, desenhado para remover a possibilidade de que qualquer grupo individual domine outro. A Constituição baseou-se fortemente na da

---

[4] Mustafa Khalidi, *Muslim Lebanon Today*. 2. ed. Beirute, Beirut Arab University Press, 1977.
[5] Moojen Moman, *An Introduction to Shi'i Islam*. New Haven, Yale University Press, 1985, p. 287.

Terceira República Francesa, e naquelas adotadas pela Bélgica e pelo Egito (esta última uma tentativa um pouco anterior de moldar um Estado árabe com leis da França e da Bélgica). A separação de poderes é reconhecida oficialmente, e mantida no processo legal, enquanto cláusulas que protegem os direitos individuais mostram a influência de emendas americanas.

O princípio da *laîcité* tem uma consequência curiosa, similar ao sistema jurídico otomano. Enquanto o Código Penal e o Direito Civil descendem ambos do *Code Napoléon*, eles existem lado a lado a um *statut personnel*, que atribui todas as questões de casamento, de direito de família e de herança à jurisdição religiosa a ser decididas por tribunais islâmicos, eclesiásticos e costumeiros. Os apelos devem ser dirigidos ao mufti de Beirute, ao imã xiita, ao patriarca ortodoxo ou, no caso de católicos gregos e maronitas, a Roma. Mesmo os tribunais leigos são cuidadosamente estruturados ao longo de linhas confessionais, com magistraturas distribuídas entre as minorias (tribunais de primeira instância precisam ter juízes das três confissões). O sistema foi bem-sucedido em estabelecer um estado de direito na nação por inteiro. Porém, agora ele só opera naquelas partes do país onde juízes de confissões variadas têm livre trânsito – isto é, no pequenino enclave cristão a Norte da capital e em certos lugares que obtiveram estabilidade sob controle sírio. Nos distritos rurais e, em particular, naquelas partes controladas pelo *Hezbollah* ou pelos palestinos, não se pode garantir passagem segura a juiz algum, e, já há muitos anos, processos penais e cíveis não são julgados – fato que contribui ainda mais para a mudança do estado de direito para o estado de vingança. O ministro da Justiça, Nabih Berri, é xiita e líder da milícia *Amal*. Ele não é amplamente conhecido por seu respeito à lei e atualmente mora em Damasco, gozando da proteção de um presidente sírio cujo amor pelos princípios da justiça imparcial não é maior do que os de Berri. O exército de Assad passou diretamente para as partes de Beirute Ocidental que eram controladas pelo *Amal*, a fim de salvar a milícia de Berri da derrota nas mãos do Partido Comunista Libanês. O resultado dificilmente pode ser descrito como uma restauração da lei, mesmo que envolva a imposição de ordem.

O Pacto Nacional libanês representa um dos acordos mais interessantes da política moderna, iluminando todo o problema da legitimidade tal como o conhecemos no século XX. Por toda a parte, no mundo ocidental, a política tomou o lugar da religião como fonte de espetáculo e como foco de interesse público. Movimentos, ideias e objetivos sociais solaparam o antigo contentamento com uma lealdade retrógrada. Assim, fatos outrora aceitos como naturais e imutáveis são, hoje, questionadas, e traço nenhum da sociedade é considerado à prova de alguma inovação que venha aprimorá-lo. Importar essa concepção da política para o mundo árabe é imensamente perigoso: certamente, é algo difícil de fazer ao mesmo tempo que se resguarda o direito de oposição, ou enquanto se protege o indivíduo do poder ditatorial. O confessionalismo foi uma tentativa de combinar política europeia — incluindo a oposição legal, a opinião livre e o estado de direito — com lealdades que são inflamadas por um excesso de política. A religião tem tanto domínio da mente árabe que, quando um árabe perde a fé, continua a identificar sua perspectiva, sua lealdade e sua posição social nos termos das crenças que descartou. Nascer xiita, no Líbano, é permanecer xiita, mesmo que as convicções religiosas sejam perdidas. Nesse sentido, a religião drusa é a mais libanesa de todas: para pertencer a ela, é necessário e suficiente nascer nela, e nada pode acontecer depois a um homem que vá ou separá-lo da confissão de seus antepassados, ou uni-lo a uma fé que não era a deles. Mesmo as confissões que não chegam a incluir a ideia da religião como "traço herdado" veem a fé como um destino não escolhido, e não como compromisso pessoal. O resultado é uma sociedade que, ao menor impacto, imediatamente fragmenta-se em linhas sectárias.

Um Estado se baseia em lealdade, mas não, no primeiro exemplo, em lealdade para consigo mesmo. Não é o Estado, mas outra coisa, mais calorosa — um "país", um "povo", um "modo de vida" — que está em jogo quando o cidadão vê sua lealdade colocada em xeque. Mesmo os Estados Unidos da América não são exceção a essa regra. Nos EUA, também, o Estado é separado do "país" e a lealdade ao Estado depende da afeição ao "estilo de vida americano". Porém, os Estados Unidos são um tipo novo de nação, construída sobre princípios seculares. Ondas e ondas de imigrantes contribuíram para sua formação, cada uma delas submetendo-se voluntariamente à obrigação contratual de uma Constituição cujo sucesso é o sinal de sua justiça. A emergência de uma nova nação foi possibilitada pela crença de que a América era um lugar sem história, um lugar onde tudo podia ser feito como se fosse novo, onde dívidas antigas eram canceladas, e novas dívidas, adjudicadas por uma lei justa e comum.

Não é preciso dizer que essa crença é impossível nos territórios sucessores do Império Otomano, e que em lugar nenhum isso é mais óbvio do que no Líbano, que carrega o fardo de sacrifícios e conflitos cujas raízes estendem-se ao começo da nossa civilização. Para esse Estado, apenas o confessionalismo oferece qualquer chance de unidade política. Somente esse dispositivo pode canalizar para o fundo comum de ordem jurídica as várias correntes de lealdade libanesa. Um estado plenamente secularizado seria inaceitável para as minorias islâmicas, que desejam regular suas vidas domésticas pelo costume e pela xaria; por outro lado, o sistema de representação direta, em que os cargos do Estado e os assentos no Parlamento seriam atribuídos sem referência à fé, inevitavelmente privariam as pequenas minorias de toda voz nos assuntos da nação, e assim, efetivamente, cortariam suas lealdades da ordem soberana.[6]

Os cristãos do Líbano, portanto, enxergam o estado confessionalista não como meio de manter seu domínio, mas como a única fundação de uma ordem política que gozaria da lealdade de todos os libaneses. Isso, afirmam eles, é o mais perto que um país do Oriente Médio pode chegar de uma democracia secular, e é também suficientemente próximo para alinhar o Líbano, em qualquer conflito, com as democracias da Europa contra as ditaduras da Ásia. (O paralelo com a antiga dispensação da Irlanda do Norte deve estar em mente.) Como me disse recentemente um distinto advogado,

> *A laïcité foi nosso meio de reconciliar a liberdade de consciência com a consciência não livre de cada crente religioso. O Islã nunca reconheceu o princípio da laïcité. Ele pode tolerar fés rivais, mas não pode conceder-lhes igualdade de poder, ou um direito de participar da atividade legislativa. Das religiões que coexistem aqui, somente o cristianismo teve, como sua sagrada incumbência, o estabelecimento de uma lei que não é a sua, e que, portanto, é aceitável para cada consciência.*

Ele referia, como frequentemente referem os libaneses, Fustel de Coulanges:

> *Mais eis que Jesus Cristo rompe essa aliança que o paganismo e o império gostariam de renovar; ele proclama que a religião não é mais o Estado, e que obedecer a César não é mais a mesma coisa que obedecer a Deus. [...] Entre os persas e os hindus, entre os judeus, entre os gregos, os italianos e os gauleses, a lei tinha ficado contida nos livros sagrados ou na tradição religiosa. Cada*

---

[6] Comparar com o importante argumento de John Stuart Mill no Capítulo 7, em *On Representative Government* [*Sobre o Governo Representativo*], a respeito da representação e da proteção das minorias.

religião, também, tinha feito o direito à sua imagem. O cristianismo é a primeira religião que não pretendeu que o direito dependia dela. Ele se ocupou dos deveres dos homens, não de suas relações de interesses. Não o vimos regular nem o direito de propriedade, nem a ordem das sucessões, nem as obrigações, nem o processo. Ele se colocou fora de tudo aquilo que é puramente terrestre.[7]

Qualquer que seja a verdade dessa audaciosa afirmação, porém, não se pode negar que os cristãos do Líbano têm maiores motivos para sustentar uma ordem jurídica que garanta sua dominância do que os xiitas e os drusos. Há muito se reconhece que a lealdade das minorias islâmicas ao estado confessionalista é menos firmemente cimentada do que a dos cristãos. Como expressou certa vez o general Chéhab, nono presidente da República:

O maronita nasce libanês, vive libanês; morre libanês. O sunita nasce, vive e morre "árabe", na conhecida definição da palavra dada por Azzam Pasha, primeiro secretário-geral da Liga Árabe: "é árabe quem fala como árabe, quem se diz árabe, quem deseja ser árabe". O xiita, por sua vez, nasce libanês e morre libanês. Nesse ínterim, ele passa por uma crise. Na segunda parte de sua juventude, entre 12 a 13 anos e 18, ou mesmo 20, ele é árabe. Esse estágio de paixão, que corresponde a seu período de irresponsabilidade, dura enquanto sua razão não sobrepuja suas emoções e ele não nota a realidade de seu interesse confessional. Ao entrar na vida adulta e ao confrontar as necessidades da existência, ele percebe que pertence a um grupo majoritário e que tem oportunidades, às quais, no que lhe diz respeito pessoalmente, só pode explorar no Líbano. Assim ele se descobre libanês.[8]

Essas generalizações não são a história toda. Apesar disso, até recentemente, poucos libaneses teriam considerado o colapso do estado confessionalista com equanimidade. Como, então, a ordem jurídica libanesa pôde desintegrar-se tão amplamente, persistindo apenas no reduto cristão a Norte de Beirute, e em comunidades espalhadas em outros lugares? A resposta é ao mesmo tempo mais simples e mais perturbadora do que a história que nos foi passada pelos jornalistas ocidentais.

---

[7] Fustel de Coulanges, *La Cité Antique*. Paris, Librairie Hachette, 1952, p. 461-63.
[8] Citado em de Bar, op. cit., p. 20. Ao falar em "grupo majoritário" (*groupe majoritaire*), Chéhab pretende distinguir os xiitas das minorias que não têm direito a representação independente, mas apenas a ser representadas em bloco. Em outro sentido, claro, os xiitas, como todas as seitas, são minoria no Líbano.

CAPÍTULO 5
As Origens da Guerra Civil
—

OS LIBANESES NÃO são eles mesmos os principais motores da guerra civil que ora os destrói. Era inevitável que eles se fragmentassem em linhas sectárias assim que houvesse pressão exterior suficiente. O estado confessionalista, que tem sido o fundamento da ordem libanesa, também preserva intactas as lealdades que, quando colocadas umas contra as outras, levam inevitavelmente à sua destruição. E, uma vez em conflito, as comunidades libanesas mostram uma notável disposição para sentir-se afrontadas pela existência de religiões diferentes.

De onde veio a força exterior que destruiu o acordo confessional? A tendência da imprensa britânica de dirigir seus disparos contra Israel e os Estados Unidos não deveria nos cegar para o fato de que a Síria foi muito mais importante, tanto na criação quanto na exploração das condições da guerra civil. A Síria se recusa a reconhecer a independência libanesa, recusa-se a trocar embaixadores e, desde 1919, insiste na ideia de uma Grande Síria, governada a partir de Damasco, da qual o Líbano seria um vassalo. O presidente Assad, como todo ditador, anseia por legitimidade, e sabe que a legitimidade mais fácil vem da conquista. Com manipulações espertas, ele conseguiu apresentar-se como a "solução" para um problema cuja causa primária na verdade é ele mesmo. A *Pax Syriana*, recomendada por Robert Fisk e *The Irish Times*, porém, não restauraria a ordem jurídica libanesa. Um Estado de partido único, cuja ordem é mantida por atividades extralegais de uma extensiva força policial secreta, não toleraria, em seus domínios, um protetorado constitucional, com eleições livres, oposição legal, imprensa livre e estado de direito.¹ Em longo prazo, portanto, o governo desde Damasco significa governo pelo Partido Ba'ath, que é uma peculiar síntese de corrupção árabe e intransigência leninista. A Constituição síria efetivamente impede que o poder seja transferido para qualquer outro partido, e sérias ameaças a seu poder (como aquela oferecida pela Irmandade Muçulmana, em Hama) são impiedosamente eliminadas. Segundo o Artigo 3º do projeto de Constituição, a lei síria deve basear-se na jurisprudência islâmica. No caso, o artigo insiste apenas na presidência islâmica. Mesmo assim, a lei síria é alheia ao *statut personnel* gozado pelos cristãos libaneses; de todo modo, este significa muito pouco quando a polícia secreta tem interesse em opor-se a ele. Afinal, a Síria é um estado terrorista, e seu uso e sua propagação – do terrorismo – têm sido ativamente incentivados por seu principal aliado, a União Soviética. Foi por causa do apoio soviético que o presidente Assad pôde chegar ao topo do poder, no Oriente Médio.

Desde o começo, a Síria fomentou e aprovisionou a guerra civil no Líbano, e é por causa da Síria que nem os libaneses, nem os israelenses conseguiram acabar com a violência. O mundo árabe é dominado por governantes que levantam a voz em nome dos palestinos, e cuja legitimidade vem a depender do brandir de punhos contra o "inimigo sionista". Mas, somente no Líbano, os palestinos encontraram hospitalidade – uma hospitalidade que os libaneses atualmente não têm o poder de retirar. Poucas pessoas no Ocidente se lembram de como os palestinos foram tratados pelos governantes árabes que, hoje, mais trombeteiam seus direitos. Basta lembrar, porém, os acontecimentos de 1970 ("Setembro Negro"), quando o exército jordaniano disparou contra os campos de refugiados, matando milhares de pessoas e levando as restantes para a Síria, do outro lado da fronteira jordaniana. Assad não ofereceu aos refugiados um lar permanente, preferindo primeiro armá-los e depois expulsá-los para o Líbano, onde – como as crianças maldosas de *Put Out More Flags*² – preparam o caminho para uma conquista mais efetiva de seus protetores. Os Acordos do Cairo de 1969 tiraram dos libaneses todo o poder de livrar-se dos refugiados. E o hábito palestino é viver pela violência – resultado de uma trágica história

---

¹ O paralelo com Hong Kong e o otimismo irracional expressado por políticos ocidentais quanto ao futuro daquela colônia não devem ser esquecidos.

² Romance de Evelyn Waugh, publicado em 1942. (N. T.)

pela qual os libaneses não têm nenhuma responsabilidade — e que acabou precipitando a guerra que se mostrou tão fecunda para a Síria.

O pano de fundo da guerra civil é uma questão de grande controvérsia e só recentemente, graças à desinformação síria e à suspensão jornalística da descrença nele, os fatos passaram a ser conhecidos.[3] Um fator, porém, teve importância suprema: o desejo sempre presente entre os sunitas — especialmente entre as elites das cidades litorâneas — de derrubar a preeminência cristã, e de reconstruir o Líbano a partir de princípios pan-arabistas. Esse desejo, estimulado a ponto de uma deslealdade ativa durante os anos da "República Árabe Unida" de Nasser, ganhou novo ímpeto com a chegada dos palestinos.

O mufti sunita, sheikh Hassan Khaled, foi particularmente eficaz em dirigir a opinião internacional contra os maronitas (os quais dizia dominar no Líbano da mesma maneira, e nos mesmos termos, que os brancos, na Rodésia, ou Idi Amin, em Uganda). O objetivo do mufti, e das elites que ele representava, foi francamente revelado por Hussein Kwatly, diretor do escritório do mufti (o *dar el-fatwah*), num artigo publicado alguns meses depois da invasão síria. A *laîcité*, escreveu, era um modo de enganar os muçulmanos, pois exigia a separação entre religião e Estado. O Islã, no entanto, é uma disciplina total, e deve dominar as duas esferas.[4] Em outras palavras, o estado secular deve ser destruído e substituído por uma república islâmica, com os cristão reduzidos à condição de um *dhimmi*.[5] Sob a influência dessa propaganda, os sunitas mostraram uma tendência, primeiro, a juntar forças com os palestinos — cujos *fedaîn* (redentores) lhes forneceram uma milícia pronta — e, segundo, a colaborar com o plano sírio de desestabilização, na esperança de obter outra vez a preponderância social e política, perdida em 1920.

---

[3] A versão que apresento foi costurada a partir de vários autores, e de entrevistas com pessoas que tomaram parte elas próprias dos acontecimentos. O livro de Laurent e Basbous, *Guerres Secrètes au Liban*. Paris, Gallimard, 1987, reforça minha interpretação, e também contém evidências impressionantes tiradas dos arquivos secretos do governo libanês.

[4] *Al-Safir* (*O Embaixador*), revista islâmica radical, fundada por Khomeini e publicada em Beirute Ocidental, 18 set. 1976.

[5] Para uma explicação completa do *status* de um *dhimmi* na jurisdição islâmica, ver Antoine Fattal, *Le Statut Légal des Non-Musulmans en Pays d'Islam*. Beirute, Imprimerie Catholique, 1958.

Sem os próprios palestinos, porém, a guerra civil provavelmente nunca teria irrompido. Ela começou em 1975, quando os falangistas, provocados além do que seria tolerável por esses convidados que fizeram do Líbano refém, vingaram-se violentamente. (os Acordos do Cairo tinham estendido *droits de cité* aos campos palestinos, colocando-os efetivamente fora da jurisdição libanesa). A caricatura jornalística dos falangistas é adotada mais por seu impacto emocional do que por sua verdade. Apesar disso, não há como dizer que a organização falangista não adota rapidamente uma postura militarista diante de qualquer desafio. Logo havia guerra aberta entre os falangistas e aqueles que eles julgavam estar dando apoio aos palestinos.

Assim que o conflito irrompeu, governo e exército fragmentaram-se. Já em 1975, Rashid Karamî, que teria os cargos de primeiro-ministro e de ministro das Relações Exteriores, e que pertence a uma importante família sunita da cidade litorânea de Trípoli, proibiu o exército libanês de atacar as milícias palestinas, dizendo que um muçulmano era proibido por Deus de atacar outro muçulmano. Pelo costume estabelecido por meio do Pacto Nacional, o comandante do exército é cristão – fato que Karamî considerava inaceitável. Formou-se um grupo dissidente, com o incentivo de Karamî, sob o comando de um coronel muçulmano. Muitos soldados cristãos então amotinaram-se e juntaram-se às milícias cristãs. Estas – os falangistas de Gemayel, a Marada de Franjiyeh, o PNL de Chamoun, o Tanzim, e os Guardiães do Cedro – dedicaram-se a defender as aldeias cristãs isoladas a Norte e a Leste de Beirute. Entretanto, elas estavam dilaceradas por ressentimentos locais. Foi durante a tentativa de Bashir Gemayel de juntá-las sob uma disciplina comum que ocorreram algumas das piores lutas entre cristãos. Quando eles enfim se uniram, sob o título *Forces Libanaises*, foi só depois de Franjiyeh retirar-se e ter negociado o próprio acordo com a Síria.

No Sul, parte do exército rejeitou a política de Karamî. Uma força comandada pelo major Saad Haddad – católico grego – dedicou-se a defender as aldeias, em grande parte xiitas, contra os palestinos. Isolada de Beirute, ela aceitou armas de Israel, tornando-se alvo dos jornalistas ocidentais. Foi Robert Fisk quem lhes concedeu o título pelo qual passou a ser conhecida na imprensa anglófona: "Milícia Direitista Cristã do Major Haddad". A efetiva composição da força de Haddad é disputada. Porém, é certo que ela continha tanto xiitas como cristãos, junto com alguns drusos e sunitas. É provável que os xiitas fossem a maioria, pois eram os xiitas que tinham o maior ressentimento dos palestinos. No entanto, depois de o título de Fisk ser repetido cem vezes, era inevitável que os cristãos fossem culpados por quaisquer atrocidades cometidas por essa facção particular.

A guerra dos campos começou muito antes das piores dessas atrocidades. Os palestinos estavam assentados em campos construídos originalmente pelo exército francês, ou em terra que lhes tinha sido dada por ordens religiosas (as quais desde o começo ofereceram aos palestinos os benefícios da caridade cristã). Os campos efetivamente circundavam a cidade de Beirute, de modo que, quando os cristãos acordaram para sua situação, viram-se cercados na capital por forças hostis e pesadamente armadas. Além disso, uma seção da periferia urbana, na Estrada Norte, conhecida como *La Quarantaine* ou *al-Karantina* (que foi campo de quarentena do exército francês), ameaçou as comunicações da capital a Leste com o interior cristão e com o Porto de Junieh. Em *La Quarantaine*, uma multidão heterogênea de bandidos e refugiados tinha se formado — curdos, beduínos e xiitas das aldeias que aterrorizavam os viajantes com roubos, torturas e assassinatos. *La Quarantaine* foi tomada, com muito derramamento de sangue vingativo, em 1976, e os dois campos estratégicos palestinos do setor Norte — Tel el-Za'tar e Jisr el-Baasha — foram tomados pelos cristãos, pouco depois. Em janeiro de 1976, vingando-se do derramamento de sangue em *La Quarantaine*, uma unidade da OLP, treinada e posicionada na Síria, foi enviada a Damour para massacrar quinhentos civis cristãos, incluindo mulheres e crianças.

Apesar das aparências, a hostilidade original entre cristãos e palestinos não era mais baseada na religião do que a hostilidade entre cristãos e drusos. Os palestinos (muitos dos quais são cristãos) odiavam os cristãos do Líbano por considerá-los "particionistas", oponentes daquela "unidade árabe" que parecia dar *status* internacional à causa palestina, e que se mostrava a única promessa de vitória contra Israel. A hostilidade palestina contra os cristãos, portanto, confirma o título destes como verdadeiros sustentáculos do Líbano independente. Mesmo assim, uma vez que a guerra dos campos irrompeu, as facções "islamo-progressistas" juntaram-se com os palestinos, beneficiando-se não apenas da força militar, mas também do prestígio entre os jornalistas esquerdistas-chauvinistas, que os palestinos tinham acumulado. Depois de Damour, o caráter sectário do conflito foi firmemente estabelecido. Quando os sírios invadiram o Líbano, mais tarde, em 1976, foram então capazes de reivindicar com certa plausibilidade (embora, na verdade, falsamente) que fizeram isso a pedido da comunidade cristã. A Síria começou a incentivar alianças entre palestinos e grupos esquerdistas ou militantes islâmicos. Com velocidade e destreza, Assad conseguiu isolar os cristãos do Líbano e preparar o terreno para os massacres, amplamente não noticiados na imprensa britânica e americana, que expulsaram a população cristã do campo e romperam toda a comunicação entre o governo e o povo, que era mais leal a seu governo. No comentado "Discurso ao Povo Sírio", feito em 20 de julho de 1976, Assad anunciou sua intenção de unir as facções em guerra no Líbano e acabar com a odienta "trama contra o Islã e contra os muçulmanos", que estava na raiz da guerra civil libanesa. Ao invadir o Líbano, declarou, não apenas traria a paz a um país em perigo, como ainda uniria muçulmanos e cristãos contra seu inimigo comum, Israel. A fim de atingir esse objetivo, o exército libanês devia ser privado de seus oficiais nativos e unido sob controle sírio, e os palestinos, subjugados pela força. Com uma *tour de force* de argumentação dúplice, o presidente sírio conseguiu afirmar, primeiro, que a verdadeira causa da agonia do Líbano era Israel; segundo, que ele, que em parte tinha causado o conflito, era na verdade sua cura; terceiro, que somente o controle sírio livraria o Líbano dos palestinos (que, na realidade, tinham sido levados ali da Síria e armados por meio desta); e, quarto, que a amizade entre as comunidades dependia da soberania síria sobre o Líbano.

Essa, em resumo, foi a versão dos acontecimentos que tomaria a imaginação dos correspondentes ocidentais. Quando eles voltaram sua atenção para o Líbano, ele já estava em grande parte ocupado pelo exército sírio, e seu sofrimento intensificado por uma invasão israelense. Foi essa invasão que voltou os olhos do mundo para o Líbano, e que – ao colocar Israel no papel de agressor – fez a visão de Assad para os acontecimentos de repente parecer plausível. E, num ponto, Assad é sincero – a saber, em sua hostilidade contra os palestinos e contra seu líder, Yasser Arafat. Ele reconhece, neste, um reclamante rival da posição de mandachuva no mundo árabe e, nos palestinos, um obstáculo mais duradouro ao controle sírio do Líbano do qualquer outro grupo além dos maronitas.

—

Muito aconteceu desde 1976, nem tudo relevante para a situação atual. Alguns dos principais fatos deveriam, porém, ser levados em conta. Primeiro, houve a guerra contra os representantes ocidentais. Embaixadores das missões mais importantes – a francesa e a americana – foram assassinados. Outros foram aterrorizados ou incapacitados. Várias forças "assumiram a responsabilidade" por esses ultrajes. Todavia, o fato significativo é que a campanha de terror teve sucesso, antes, em destruir a confiança ocidental no governo libanês, e, depois, em incentivar uma transferência da atenção diplomática de Beirute para Damasco. Assim, pouca dúvida resta nas mentes da maioria dos libaneses quanto ao verdadeiro autor desses crimes.

O segundo grande fato foi o assassinato, em 1977, do líder druso Kamal Jumblatt, sheikh sutil e inteligente, familiarizado com a filosofia tanto cristã como muçulmana. Jumblatt tinha o poder, a vontade e a impiedade para liderar os drusos até a eminência política, e a ambição de derrubar a ascendência maronita e governar o Líbano como seu presidente.[6] Jumblatt foi morto por tiros perto de uma posição síria; seu filho, Walid Jumblatt, oficialmente ministro do Turismo e do Transporte (cargo que manteve, enquanto bombardeava o aeroporto de Beirute), só governa o Shouf, hoje, por causa de uma negociação com Assad. Dois chefes de guerra cristãos surgiram sob a proteção síria: o ex-presidente Suleiman Franjiyeh, que mantém seus domínios ancestrais perto de Zghorta, como suserano de Damasco, e o recém-chegado Hobeiqa, que recebeu o feudo de Zahleh, por seus ataques contra a liderança falangista.

O terceiro grande fator foi a morte, em 1978, do imã xiita Moussa al-Sadr. Este, que tinha levado os xiitas à autoconsciência política, foi liquidado, presumivelmente com conhecimento de Assad, durante uma visita oficial à Líbia. Depois disso, os xiitas, expulsos de suas aldeias pelos palestinos (que inescrupulosamente as tinham requisitado para fins militares) e pelos israelenses (que respondiam ao fogo palestino), começaram a formar um proletariado desencantado em Beirute Ocidental. Imediatamente, eles foram radicalizados por fanáticos iranianos, financiados pela embaixada iraniana, e liderados pelo sheikh Fadlallah, fundador do *Hezbollah*, ou "Partido de Deus". A ausência de lei e a destruição espalharam-se pelo Sul do Líbano, sendo os cristãos as vítimas mais frequentes da violência coletiva;[7] já a artilharia síria, sem conseguir avançar mais no reduto cristão, manteve

---

[6] Ver Laurent e Basbous, *Guerres Secrètes au Liban*. Paris, Gallimard, 1987, p. 39-42.

[7] Os massacres foram descritos no artigo citado na nota 3 do Capítulo 1. Para uma descrição do destino da única aldeia cristã no Shouf, ver o conhecido lamento do padre Mansour Labaky, *Kfar Sama: A Village in the Lebanon*. San Francisco, Ignatius Press, 1984.

um bombardeio contínuo das seções orientais da capital, provocando baixas terríveis. Os palestinos do Sul do Líbano aterrorizaram o interior e, enfim, provocaram a invasão israelense, de início acolhida pela população libanesa como único remédio para uma situação que se tornara intolerável. Os israelenses expulsaram os palestinos e os sírios antes deles e, sem dúvida, expulsariam ambos do Líbano, caso tivessem prosseguido além do caminho de Beirute para Damasco.

São propostas três explicações para Israel ter subitamente parado. Primeira, Israel pareceu mais satisfeito com um Líbano fragmentado e impotente do que com um governo legal capaz de juntar-se, a qualquer momento, à causa "árabe", e capaz também de manter uma economia que, ao longo dos anos, revelou-se um concorrente feroz e nocivo a Israel.[8] (Os israelenses, ao longo da ocupação, fizeram muito para destruir o potencial econômico do Líbano e para arruinar a agricultura das áreas ao Sul.) Segundo, os americanos, talvez por pressão soviética, e, de qualquer modo, buscando aquela perversa política de barganhas que julgam ser apropriada ao Oriente Médio – e que agora custou-lhes sua última gota de credibilidade na região –, entraram em cena para salvar o exército sírio da humilhação que tanto se lhe desejava. Por fim, houve a opinião pública israelense, que – alimentada com notícias diárias dos combates – rapidamente foi vitimada por essa visão de curto prazo.

De todo modo, seguiu-se uma breve calmaria na qual a imprensa ocidental, seguindo o exército israelense, conseguiu testemunhar não apenas o diminuto interesse pela população libanesa que foi exibido por tal exército durante seu período de ocupação, mas também os esforços ineficazes da ONU, dos franceses e dos americanos para determinar o curso de um conflito em que tinham decidido não desempenhar nenhum papel ativo. Eles também foram capazes de observar o acontecimento que confirmou seu principal preconceito – o desprezo herdado pela maioria cristã do "Marounistão". Este foi o massacre dos palestinos nos campos de Beirute Ocidental – massacre executado, sem oposição israelense, por unidades da milícia falangista, junto com elementos do exército de Saad Haddad e, com toda a probabilidade, sob ordens de Hobeiqa.

---

[8] Os indícios de que Israel, em certos momentos, adotou uma política de "cantonização" no Líbano estão reunidos de maneira interessante em Laurent e Basbous, op. cit., cap. IV.

Três golpes então caíram sobre os cristãos libaneses. Primeiro, o presidente eleito, Bashir Gemayel, que prometeu a liderança forte e patriótica que talvez ainda unisse as facções em guerra da capital, foi assassinado. Segundo, os americanos, que poderiam ter trazido a salvação para o governo eleito, retiraram sua armada, tendo essa disparado principalmente cartuchos vazios no Shouf, desde o *New Jersey*, e enfraquecido de imediato sob a pressão combinada do escândalo jornalístico e do terror organizado. Terceiro, depois de bombardeios assustadores do bairro cristão e do próprio palácio presidencial, Amin Gemayel, irmão de Bashir e sucessor da presidência, ao perceber que os americanos não o ajudariam, rasgou aos pés do presidente Assad o tratado de paz de 17 de maio de 1983, que tinha sido negociado com Israel e fora aprovado pela Assembleia Libanesa por maioria avassaladora.

Desses três golpes, o assassinato de Bashir Gemayel foi, sem dúvida, o mais desastroso. Quando Bashir chegou ao poder, em 1982, ele já era forte e implacável o bastante para ser respeitado tanto por cristãos como por muçulmanos (os xiitas desempenharam um papel decisivo em garantir que ele fosse eleito presidente). A política de Bashir era simples. Depois de sete anos de guerra, restavam somente duas instituições: a Constituição e o Exército. Assim, ele tentou dissolver todas as milícias, integrando-as num exército em que era proibido mencionar a religião de qualquer homem. As forças multinacionais – os fuzileiros americanos, a legião e os paraquedistas franceses, os *bersaglieri* italianos e os *dragoons* britânicos – foram chamadas para treinar o novo exército do Líbano, e todas se contentaram com isso. Quando, depois do assassinato de Bashir, os palestinos e os drusos no Shouf (que ainda estava sob ocupação israelense) começaram a disparar cartuchos russos, fornecidos pelos sírios, nas áreas cristãs, o exército contra-atacou com notável sucesso, e a moral se elevou. O desejo das tropas era somente de uma coisa: expulsar todas as três forças de ocupação – síria, palestina e israelense – o mais rápido possível do solo libanês. Foi aí que a campanha da imprensa contra elas, e contra o governo libanês, entrou em sua fase mais urgente. Artigo após artigo, Robert Fisk e seus seguidores reforçaram o quadro que mencionei no primeiro capítulo. A Constituição foi denunciada como se fosse demograficamente injusta – um meio de tiranizar uma "maioria muçulmana". (Nunca é mencionado o fato de que, ao contrário da Constituição da Síria, ela estabelece uma oposição legal, eleições livres e um estado de direito.) Beirute Ocidental foi descrita como se vivesse sob um Terror Branco: por toda parte, os muçulmanos eram as vítimas inocentes da atroz falange. O exército era um instrumento do imperialismo cristão (e, portanto, ocidental) que atacava sem direito os rebeldes drusos e xiitas que tinham retirado sua lealdade a um governo cuja tirania não podiam mais tolerar.

Os fuzileiros americanos eram "parte do problema". Um símbolo como esse de imperialismo ocidental jamais seria aceitável para os muçulmanos. Afinal, os oficiais americanos tinham servido no Vietnã, os franceses guardavam todos os preconceitos da guerra da Argélia, os italianos (como nos lembravam) haviam matado árabes na Líbia, os britânicos serviram na Irlanda do Norte (de onde Robert Fisk mandara reportagens igualmente nocivas à moral de nossos soldados). Além disso, não valia a pena apoiar o exército libanês. Ele era incompetente, sua força aérea era uma piada – "três aviões velhos, amarrados com barbante". E, quando os barracões franceses e americanos foram explodidos, Terry Anderson deu a entender que isso era perfeitamente previsível, considerando o comportamento provocador dessas forças de ocupação.

Como resultado dessa campanha, deputados e senadores tiraram seu apoio da empreitada multinacional. A Sra. Thatcher e os italianos cederam à pressão das fileiras políticas e, por fim, o exército libanês, desmoralizado pela onda de ridicularização internacional e amputado de seu componente muçulmano, foi obrigado a retirar-se para as áreas cristãs.

Líbano
1º de maio de 1987

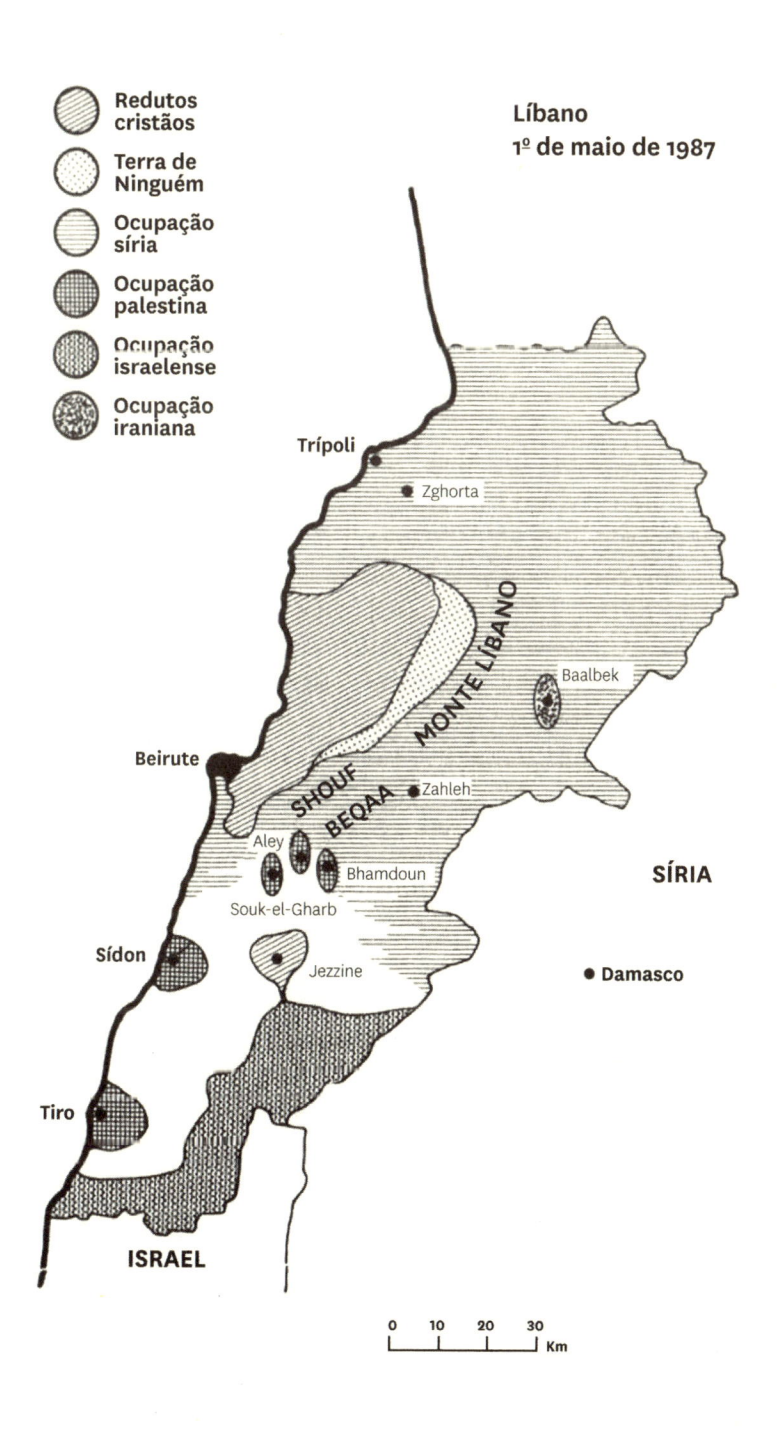

- Redutos cristãos
- Terra de Ninguém
- Ocupação síria
- Ocupação palestina
- Ocupação israelense
- Ocupação iraniana

Trípoli
Zghorta
Baalbek
Beirute
SHOUF
BEQAA
MONTE LÍBANO
Zahleh
Aley
Bhamdoun
Souk-el-Gharb
Sídon
Jezzine
SÍRIA
Damasco
Tiro
ISRAEL

0 10 20 30 Km

UMA TERRA FEITA REFÉM

CAPÍTULO 6
A Situação Atual
—

SÍRIOS, IRANIANOS E palestinos atualmente competem pelo controle do interior libanês, e as poucas áreas em que as instituições libanesas são preservadas – o reduto cristão de Beirute Oriental, as áreas protegidas pela Força Interina das Nações Unidas no Líbano (Unifil) e, no caso de Jezzine e do Sul, pelo "Exército do Sul do Líbano" – permanecem alvos de abusos jornalísticos, de um tipo calculado para arraigar a opinião de que a *Pax Syriana* é a solução única para o problema libanês. (No dia em que as forças sírias entraram em Beirute Oriental, Robert Fisk limitou-se a reportar supostas atrocidades cometidas pela "milícia 'Exército do Sul do Líbano', que age em nome de Israel" numa das zonas que ainda não foram anexadas à Síria. Essas reportagens continuaram de modo intermitente desde então, com Fisk valendo-se livremente de rumores e do "ouvir dizer", e nunca mencionando a constante ofensiva terrorista contra o ESL, o apoio popular considerável de que ele goza, ou seu papel vital ao impedir que os cristãos de Jezzine fossem massacrados.) Os cristãos continuam a ver a si mesmos como guardiães da lei e da ordem, num país sacrificado para seus vizinhos poderosos. Eles estão tão ansiosos para condenar as incursões israelenses quanto os correspondentes ocidentais; mas também tendem a observar que, ao contrário dos sírios, os israelenses retiraram-se da maior parte do território ocupado, e jamais mostraram nenhuma intenção permanente de conquista. Alguns afirmam que os israelenses, hoje, olham com oblíqua satisfação um país anulado por conflitos sectários. Porém, não há dúvida de que, em suas negociações com o governo do presidente Gemayel, os israelenses sinceramente desejavam um tratado de paz que garantisse sua fronteira ao Norte, e que traçasse aquela fronteira exatamente onde ela é tratada pela lei internacional. Nesse ínterim, a imprensa ocidental manteve sua campanha de ridicularização e de descrédito contra a comunidade cristã e condenou os sírios, quando condenou, não por sua bandidagem e agressão, mas por aquilo que Robert Fisk chamaria de sua "corrupção" – dando a entender que não é o objetivo de anexação que merece ser culpado, mas os maus atos daqueles que foram encarregados de atingi-lo.

Ocorreu o previsível: vendo a impotência dos americanos, as potências ocidentais perderam, uma a uma, a confiança no futuro do Líbano. Com o aeroporto refém, os portos e as estradas do país efetivamente bloqueados e o capital internacional afugentado, a economia libanesa, outrora a mais forte do Oriente Médio e invejada tanto por Síria como por Israel, começou a desabar. O Ocidente nada fez para sustentá-la e, por fim, após uma onda de tomadas de reféns organizada por meio do Irã e da Síria, os americanos fizeram o que se esperava que fizessem e mandaram seus cidadãos saírem do Líbano, abandonando os cristãos à própria sorte. O ministro das Finanças, Camille Chamoun (presidente durante o maior período de prosperidade libanesa do pós-guerra) conversou comigo a respeito da crise econômica.

> *O colapso da libra libanesa é resultado de uma perda de confiança em nossa economia. Nada podemos fazer para controlá-la. As decisões que seriam necessárias só podiam ser tomadas pelo Conselho de Ministros. Porém, esse Conselho nunca se reúne, pois Karamî, o primeiro-ministro, cujo dever é convocá-lo, recusa-se a fazer isso. Por que ele se recusa? Porque é um libanês d'obédience syrienne [que obedece à Síria]. Seus senhores desejam minar o processo político, de modo que não possamos nos governar a nós mesmos. Não foi a fraqueza da economia libanesa, mas o colapso da ordem política que causou o colapso da nossa moeda.*

O juízo do presidente Chamoun quanto ao primeiro-ministro foi confirmado pouco depois, quando Karamî, sem consultar o presidente Gemayel, "autorizou" a ocupação síria de Beirute Ocidental. (No entanto, quando Karamî, em maio deste ano, renunciou ao cargo de primeiro-ministro, isso permitiu ao Conselho se reunir e ab-rogar os Acordos do Cairo – o que era constantemente bloqueado por Karamî. Duas semanas depois, Karamî foi assassinado, impossível dizer por quem.) É interessante comparar a explicação de Chamoun para o colapso da libra libanesa com a explicação dada em *The Times*, em 28 de maio de 1986, por Robert Fisk, que aponta um dedo para Nabih Berri, e para Samir Jaaja, líder da milícia cristã. O primeiro dera uma declaração acusando a OLP de tentar desestabilizar o Líbano; o segundo culpara agentes sírios por bombas em carros, em Beirute Oriental. Foram essas declarações, afirmou Fisk, que provocaram a corrida à libra libanesa. Na verdade, as duas afirmações eram verdadeiras e faziam parte do senso comum no Líbano. Porém, ao culpar pela catástrofe econômica aqueles que *falam* a verdade, Fisk sub-repticiamente solapou a fé do leitor naquilo que eles dizem. Ele também tirou a culpa pelo pânico ocidental daqueles que mais fizeram para criá-la — os jornalistas ocidentais, destacando-se ele mesmo.

Num aspecto, todavia, Fisk transmitiu uma impressão verdadeira da atmosfera que prevalecia no Líbano. De fato, os americanos ali são, se não odiados, ao menos olhados com ressentimento cada vez maior. O ressentimento contra eles diz respeito não à sua interferência, mas à sua impotência. Já em 1958, o presidente Chamoun reclamava que os americanos (cuja ajuda ele solicitara) vinham quando o show já tinha acabado.[1] Agora, eles não fazem nada de positivo, apenas interferem sem saber onde pretendem chegar. O escândalo das armas do Irã parece ter provado aos terroristas do Oriente Médio que tomar reféns dá lucro. E também confirmou para os libaneses uma opinião que eles já tinham, a saber, que os americanos estão interessados em ter a amizade de todas as partes poderosas e, assim, sacrificam os princípios à política numa situação em que a única política coerente é a de princípios. Chamoun elogiou a ação britânica de romper relações diplomáticas com a Síria — ação que, como a maioria

---

[1] As reformas eleitorais do presidente Chamoun, que aumentaram o número de deputados de 44 para 66, se preservaram (apesar do amplo reconhecimento de tendências demográficas desfavoráveis) a ascendência maronita e a maioria cristã, ofereceu a ocasião imediata para as perturbações. Chamoun dizia que as reformas eram necessárias para diminuir o poder dos soberanos feudais — os Jumblatts, Karamîs e Hamadehs, com os deputados que eles tinham no bolso. Porém, os drusos se revoltaram, seguidos rapidamente pelos sunitas de Trípoli, e as armas correram para o Egito vindas da recém-formada "República Árabe Unida" do Egito e da Síria. O episódio é contado em Claire Brière, *Liban, Guerres Ouvertes, 1920-1985*. Paris, Éditions Ramssy, 1985, p. 127-30. Deve-se observar que o juízo de Chamoun sobre a intervenção americana não é justo, realmente: a ordem *foi* restaurada, se não pelos próprios fuzileiros navais, ao menos pela visão deles.

dos libaneses, ele atribuiu mais à Sra. Thatcher do que a um *Foreign Office* apodrecido pelo hábito do apaziguamento:

> *É claro que uma intervenção militar ocidental em nome dos reféns não é algo que possamos esperar. Mesmo assim, esse não é o único curso de ação. Se todos os líderes ocidentais mostrassem a coragem da Sra. Thatcher, eu teria muito mais confiança no futuro. Nossa situação poderia ter melhorado imediatamente caso as potências ocidentais seguissem-na e rompessem relações com a Síria. Porém, o mundo ocidental, hoje, é muito mais fraco do que era – especialmente do ponto de vista moral. E é somente a força moral que permitiria que eles agissem corretamente numa situação em que nada mais poderia servir de fundamento para uma política duradoura.*

Para muitos libaneses, de fato, a atitude dos Estados Unidos em relação à Síria é incompreensível. Será ingenuidade o que os leva a ignorar as intenções manifestas de Assad ou existe algum interesse americano que depende de maneira vital de lisonjear o inimigo de Israel e dos Estados Unidos? Uma visão interessante da diplomacia americana me foi transmitida pelo falecido Antoine Fattal, que conduzira as negociações com Israel que levaram ao acordo de 17 de maio de 1983. Esse acordo ofereceu a última esperança para um assentamento na região, mas o presidente Gemayel foi impedido por Damasco de ratificá-lo.

> *Imagine a situação: aqui estamos, impotentes, dilacerados por facções, nossa única esperança sendo garantir acordos com nossos dois poderosos vizinhos. De fato, ambos são nossos inimigos. Mas há uma importante diferença entre eles. As ações hostis de Israel derivam da percepção de interesses estratégicos, ao passo que as da Síria expressam um propósito antigo e implacável que abrange a extinção da nossa soberania. Naturalmente, portanto, um acordo com Israel só tem valor na medida em que a Síria também toma parte nele, e somente na medida em que podemos usá-lo para garantir uma retirada síria. Todos aqui sabem que o Líbano é refém da Síria, que seu presidente só pode agir com a aprovação de Damasco, e que seu Conselho de Ministros não pode mais tomar decisões independentes. Todos sabem que a Síria não reconhecerá nossa independência em tratado nenhum. Nossa única esperança de paz, portanto, era usar o acordo com Israel para extrair termos similares da Síria: barganhar por uma retirada síria que fosse simultânea ou anterior à retira-*

da do exército israelense. Porém, foi precisamente isso que não conseguimos obter. Quando George Shultz chegou, seu primeiro gesto foi explodir de raiva, porque não estamos preparados para incluir o reconhecimento diplomático de Israel entre os termos do tratado. Somente alguém que não soubesse nada da nossa situação poderia ter insistido nesse ponto. Primeiro, seria necessário ter relações diplomáticas com a Síria! E, quanto à sua percepção do poder que ocupa nosso território, considere sua resposta à nossa visão de que o acordo não valeria nada sem a assinatura da Síria. "Os Estados Unidos", disse, "têm mais de um truque na manga para colocar a Síria no caminho certo." Ao dizer isso, ele voou confiante a Damasco. Voltou de mãos vazias, dizendo: "Fiz o que pude com os sírios, agora vocês é que têm de tratar com eles". É assim que uma grande potência age? O fato é que os americanos nunca chegaram a ameaçar os sírios e, assim, não conquistaram seu respeito. Tudo o que pudemos fazer depois dessa diplomacia desajeitada foi assinar os acordos com Israel, sabendo as consequências que certamente se seguiriam. Minha mão tremia, enquanto eu assinava o papel. E, claro, o tratado jamais foi ratificado. Os xiitas, que mais tinham perdido como resultado da guerra, imploraram até dezembro de 1983 para que ratificássemos o acordo. Porém, àquela altura, as bombas sírias já estavam caindo sobre todo o bairro cristão de Beirute, e nosso presidente, como sempre, era obrigado a fazer a vontade de Damasco.

Desde o fracasso da tentativa de garantir um acordo tripartite com Síria e Israel, a iniciativa ficou inteiramente com a Síria. Um novo conjunto de "acordos tripartites" foram redigidos em Damasco, em 1985. As partes desses acordos – os líderes milicianos Hobeiqa, Jumblatt e Berri – eram todos, para usar a terminologia do presidente Chamoun, *d'obédience syrienne*, e sua anuência tinha valor apenas para a Síria. O presidente Gemayel recusou-se a ratificá-lo e, quando irrompeu o conflito entre as milícias de Jumblatt e de Berri, ficou claro que o acordo nunca fora de verdade. Mesmo assim, a Síria lentamente colocou os libaneses numa posição em que seu presidente não pode desempenhar papel nenhum em negociação alguma de acordo, e a retirada das potências ocidentais deixou um vácuo de poder que somente a Síria pode preencher. Esse foi o resultado inevitável de uma diplomacia ocidental mais receptiva à opinião jornalística do que a interesses estratégicos. Um monge maronita expressou-me o sentimento de sua comunidade em palavras que devem encontrar eco em muitos corações libaneses:

Somos monges pobres que vivem separados do mundo. Não somos mais do que a consciência do nosso povo, e não temos uma luta política específica. Todavia, um fato nos chama a atenção, e gostaríamos de falar dele por causa da nossa consciência. Em nossas tribulações, os seus repórteres disseram as mais vergonhosas inverdades. Via de regra, eles conheceram apenas Beirute Ocidental; a Beirute dos bancos, do comércio e do turismo; a Beirute das boates, dos carros velozes e da corrupção. Porém, o Líbano não é apenas a praia onde essas coisas se espalham com tanta facilidade. Ele é também a montanha, onde os homens defendem sua independência espiritual, sua fé e sua liberdade. Nosso povo compõe-se, por temperamento, de habitantes monásticos das montanhas; seu espírito não será encontrado entre os ricos libaneses de Beirute Ocidental, que pertencem ao mundo mediterrâneo de vida imprudente e de viagens imediatas. As pessoas do litoral, na verdade, são obrigadas a esconder de si a verdade a respeito dos habitantes pobres do interior, e o que está oculto dos que estão em Beirute também está oculto do Ocidente.
Centenas de comunidades cristãs, xiitas e drusas, cujas consciências as anatematizavam perante a ortodoxia islâmica, tentaram refugiar-se da perseguição entre os maronitas. É desses sobreviventes da perseguição que o nosso povo é formado. Em Beirute, também é possível encontrar os "pobres", o "povo" — e, é claro, eles têm muito interesse para o jornalista, como sinal de sua autenticidade. O terrorista é outra importação; como o tubarão, o crupiê e o proxeneta, ele vive de trocar sua alma por nosso dinheiro disponível.
Somos árabes, mas somos contrários à ideia de uma república muçulmana. Defendemos valores ocidentais, mas não aceitamos o status de colônia. Somos a única comunidade da Igreja Católica que é profundamente familiarizada com a sociedade islâmica, com o pensamento islâmico, com o direito islâmico e com a língua que os expressa. O Islã não reconhece o Cristo Redentor, nem a Virgem Maria, nem a Trindade, e por isso nosso diálogo com ele permanece um diálogo existencial — um diálogo de vida e não de conceitos. Continuamos a dizer não ao Islã e sempre diremos não. Reconhecemos a liberdade de cada consciência, a dignidade de todos os homens (incluindo as mulheres) e a igualdade dos cidadãos perante a lei. Nada disso é reconhecido pelo Islã. No entanto, não temos desejo nenhum de combater nossos irmãos muçulmanos; hoje, deparamo-nos com uma militância islâmica que ameaça não apenas a nós, mas toda a Europa; mas não lutaremos. Perdemos três quartos do nosso território, a maioria dos nossos mosteiros e grande parte do nosso povo. Porém, continuaremos a dar testemunho de Cristo, e trabalhar para a conciliação.

A cruz maronita é uma cruz colocada em qualquer túmulo vazio — símbolo da ressurreição. É com essa cruz que representamos nossa atitude perante a violência atual: a morte vencerá, mas, no fim, o túmulo estará vazio. Nossa atitude perante a história é inteiramente teológica — e nisso estamos unidos ao Islã, e realmente longe das atitudes hegelianas e marxistas tão na moda em sua parte do mundo. Não reconhecemos progresso, nem perfeição terrena, nem redenção que não seja a redenção de Deus. Vigiamos o lugar onde a sua civilização nasceu e, com tristeza, olhamos vocês, que não enxergam o valor de fazermos isso.
Ajudar os cristãos é ajudar todos os libaneses, pois sua causa não é a dominância confessional, mas, pelo contrário, o reestabelecimento de uma sociedade pluralista. O cristianismo foi o guardião das instituições democráticas e, em particular, da ideia de um estado secular. Nas palavras de nosso Senhor, "dai a César o que é de César". Num parlamento dominado por muçulmanos, haverá a tentação de estabelecer uma república islâmica, criar uma unidade artificial a partir de princípios doutrinais, e destruir a unidade real do nosso povo, que veio por meio de concessões e não de doutrina. Nós, cristãos, atualmente somos perseguidos, no Líbano, precisamente porque tentamos fundar uma sociedade na qual a perseguição não seria possível. Isso não significa que consideramos a verdade religiosa menos valiosa do que a conveniência política: pelo contrário. Acreditamos na liberdade de consciência, porque uma fé que não é escolhida livremente não vale nada aos olhos de Deus. Os povos árabes são essencialmente religiosos: a política existe aqui, não no sentido ocidental, mas como uma extensão de movimentos religiosos. Mesmo a defesa do estado secular deve, portanto, ser vista como uma atitude religiosa.
O que, perguntamos, impede o Ocidente de nos ajudar? O que o leva a desprezar e a ridicularizar seus amigos e aliados, e a deixá-los à mercê daqueles que o odeiam? Vemos o Ocidente pesado de culpa, paralisado pela ideia de seu passado colonial. Porém, os cristãos libaneses não sentem culpa pelo passado do Ocidente. Um segundo pecado também pesa na sua consciência: o Ocidente teria abandonado povos que morreram sem socorro — os armênios e os palestinos, e, acima de tudo, os judeus, massacrados indefesos na Europa. Pensar nessas coisas — ou melhor, evitá-las — é o que priva o Ocidente da coragem de tomar qualquer posição moral.
Um terceiro fator pesa sobre o Ocidente, que é ter colocado considerações econômicas acima de todas as outras, antes até da honra e da justiça. Os americanos são especialmente ridículos sob esse aspecto, pois perderam todo

o respeito por si próprios, não conseguem manter sua palavra, e tratam com qualquer um, desde que lhes pareça vantajoso. Tratar com o Irã nas circunstâncias atuais, quando o Irã declarou uma guerra santa contra a cristandade, e, ao mesmo tempo, abandonar aqueles que mantiveram a palavra de Jesus Cristo em meio a seus inimigos são o maior crime e a verdadeira origem da fraqueza americana. Pensando nisso, passamos a duvidar do estilo americano de democracia, que permite que as pessoas traiam com tanta facilidade seus irmãos para obter ganhos. Pertencemos à tradição comunitária de democracia, a tradição fundada por Cristo, em que a irmandade é o propósito fundamental. Afinal, fomos cristãos antes de vocês, nossa igreja foi fundada por Cristo e por seus apóstolos, e mantivemos o hábito de pedir perdão por nossas faltas. Não temos nada a ver com aqueles que criaram Auschwitz ou Belsen.

Ao longo desses doze anos, os jornalistas ocidentais que viajaram até aqui: o que eles entenderam? Sempre desejamos que eles vissem que noções ocidentais não se aplicam à nossa situação — especialmente a dicotomia entre "esquerda" e "direita" e tudo o que está implicado nela. Somente com um transformador instalado em suas mentes seria possível que vocês entendessem o que estamos dizendo — de outro modo, Oxford, Cambridge, Harvard e a Sorbonne não têm a menor importância, e passam ao largo dos nossos problemas.

O Líbano fragmentou-se em linhas sectárias: isso é verdade. Mas não temos aqui uma disputa de "esquerda" e "direita", de "povo" e "autoridade", de "pobre" e "rico". A desordem foi causada por aqueles que atualmente a exploram — pela Síria, pelo Irã e por Israel. Sua incapacidade de reconhecer isso mostra a sua falta de coragem moral. Talvez seja a ausência de mosteiros do seu país o que os leva a refletir tão pouco sobre o sentido dos acontecimentos. Talvez seja isso que leve vocês a divertir-se com a violência, e a se importar tão pouco com sua causa. No Líbano cristão, como vocês deveriam perceber, os monges sempre formaram o esteio da comunidade, e é a falta de sua disciplina que lhes enfraquece — vocês, que um dia vieram como cruzados para nos salvar da extinção. E, no entanto, se ao menos vocês pudessem fazer um gesto. O Hezbollah ladra, mas não morde; o Irã também. E também Assad: vejam como ele entrou em pânico após a Sra. Thatcher cortar relações diplomáticas com ele. Todos eles têm medo de vocês, e medo, acima de tudo, dos Estados Unidos.

Os sírios, segundo a percepção libanesa, têm poder demais para respeitar o Líbano, mas não o suficiente para governá-lo. Seu último avanço em Beirute Ocidental e a Sul, na direção de Sídon, pode parecer prova de sua capacidade de superar a oposição do país. Porém, é preciso lembrar que os xiitas radicalizados que se juntaram sob a bandeira iraniana têm o apoio de uma potência muito maior do que a Síria. Os petrodólares iranianos que compram o martírio não acabarão simplesmente porque a Síria quer que acabem. Deve-se lembrar também que a posição da Síria como república islâmica está longe de ser segura. Assad é membro da minoria alauíta e, apesar de ter obtido do imã xiita Moussa al-Sadr uma *fatwah* que reconhece os alauítas como ramo xia, ele sabe perfeitamente que os alauítas estarão tão inseguros quanto os cristãos em qualquer país governado pelos princípios da "proteção teocrática" estabelecidos pelo aiatolá Khomeini. O antagonismo sectário de Assad contra os cristãos expressou-se, até agora, de maneira relativamente atenuada. Os três patriarcas de Antioquia residem pacificamente em Damasco[2] e os cristãos de Beqaa atualmente estão mais preocupados com as hostes armadas de iranianos assentadas em torno de Baalbek do que com as forças de ocupação sírias. É justo dizer que ninguém, além do Irã, olha com prazer a ascensão da militância islâmica no Líbano; nem a Síria, nem Israel, nem a massa de libaneses ficam reconfortados com uma força que não conhece limites nem reconhece a validade de nenhuma crença, lei ou costume, além do seu. Ao mesmo tempo, a expulsão das comunidades cristãs do interior e a ruína da cultura monástica cristã do Líbano removeram a mais poderosa força conciliatória da sociedade libanesa. Por "dar testemunho" de Cristo entre aqueles que o negam, as ordens monásticas — maronitas, sírias, melquitas, ortodoxas e latinas — tentaram unir as comunidades dentro de uma preocupação caritativa comum. Esse processo de conciliação foi a vítima mais importante da guerra civil.

O monsenhor Khalil Abinader, arcebispo maronita de Beirute recém-nomeado, descreveu sua parte nessa obra, por meio da *École de la Sagesse* [Escola da Sabedoria], que, financiada pela Igreja Maronita, oferece educação aos xiitas de Beirute Ocidental.

Alguns dizem que existem duas civilizações neste país, a islâmica e a cristã. Eu não digo isso. Eu digo que existe uma única civilização, "islamo-cristã" talvez,

---

[2] O patriarca melquita Maximos VI Hakim, contudo, afirmou suas preocupações numa conversa privada com o presidente François Mitterand, e fez um apelo ao líder francês, em nome dos cristãos da Síria.

mas, acima de tudo, libanesa. Temos a mesma cultura, a mesma língua, os mesmos modos, as mesmas façons de parler ["maneiras de falar"], as mesmas esperanças e medos. Não há um aniversário, um jantar, ou um funeral que não tenha a presença tanto de muçulmanos quanto de cristãos. Nós, cristãos, absorvemos a cultura corânica. Por meio de sua língua e de seus ritmos, ela se tornou parte do nosso padrão de pensamento, tão preciosa para nós quanto a memória da infância. Também unimos a língua e o pensamento da Arábia e da França. É porque nossas escolas apresentam essa autêntica mistura libanesa que são tão estimadas pelos cristãos como por muçulmanos. Quando foi nomeado arcebispo, os alunos de la Sagesse – cujos pais são quase todos xiitas – me deram um presente. Era uma cruz de ouro, tão pesada que só a uso em ocasiões especiais. Outro dia, uma aluna muçulmana, uma menina que estava indo embora do Líbano para juntar-se aos parentes nos Estados Unidos, veio se despedir. "Nunca vou esquecer la Sagesse", disse ela, "onde vivemos juntos como uma única família." E ela se ajoelhou para beijar minha mão, como um cristão faria.

O Arcebispo foi sequestrado três vezes, em suas viagens ao setor Oeste, mas a pressão de seu ex-alunos (entre os quais, Nabih Berri) garantiu sua libertação todas as vezes. Seu trabalho de conciliação é possível, porém, só por causa de sua posição segura dentro do reduto cristão. Em outros lugares do Líbano, as ordens religiosas foram expulsas de seus conventos e de seus monastérios, e o interior foi "purificado" de seu povo cristão. Walid Jumblatt guarda uma coleção de sinos de igreja, como troféus das comunidades cristãs que suas tropas destruíram. Os cristãos no Sul foram levados para o pequeno enclave perto de Jezzine, onde o "Exército do Sul do Líbano" os protege, ou para a capital, onde se aglomeram na Linha Verde, protegida pela "Milícia Fascista Cristã" da lenda de Robert Fisk. Em Beirute, visitei algumas dessas milícias, que ocupavam um complexo de apartamentos numa terra de ninguém, enfrentando as metralhadoras do terrível *Hezbollah* (e, agora, cercado pelos sírios). Naqueles prédios, os aldeões cristãos tinham encontrado o único abrigo disponível para eles, vivendo uma família em cada quarto, em condições de terror e de pobreza. Todos alimentavam uma esperança, que era a de voltar para suas aldeias bombardeadas. Aqueles que os protegiam eram seus tímidos filhos, que ficavam em seus postos, temerosos, mas determinados, apontando suas Kalashnikovs entre sacos de areia decorados com imagens da Virgem. Todos estavam sob estritas ordens de disparar apenas para revidar, ou quando recebessem ordens do comando central das *Forces Libanaises*.

A expulsão dos cristãos do interior mal foi mencionada pela imprensa ocidental. Mesmo assim, ela é uma catástrofe para o povo libanês. As ordens religiosas – as freiras, em particular – são de fato o esteio da comunidade libanesa, fornecendo escolas, hospitais e assistência caritativa para cristãos, drusos e muçulmanos, e mantendo nas mentes das pessoas comuns a imagem de uma sociedade baseada na conciliação e na confiança entre confissoes. Na ausência das ordens, nenhuma ideia de sacrifício religioso será apresentada ao povo do Líbano além daquela dos militantes islâmicos, para os quais a paz significa apenas o extermínio de toda fé, menos uma.

A ajuda que chega para as ordens lhes vem do Ocidente, por meio de caridades privadas, ou pela Ordem de Malta, cujos embaixadores foram mais eficientes em salvar os cristãos de Jezzine do que qualquer força militar ocidental em salvar a ordem política da capital. A Ordem de Malta mantém dispensários no Líbano e está particularmente preocupada em ajudar os xiitas das aldeias, que dependem do acordo libanês, e do princípio da *laîcité*, tanto quanto as demais comunidades do Líbano. A fim de radicalizar os aldeões xiitas, foi necessário para as forças "islamo-progressistas" isolá-las de toda a influência cristã. Isso, com a ajuda dos palestinos, elas conseguiram fazer, e o resultado foi a descristianização do interior.

Os militantes seguem uma estratégia deliberada. A primeira fase envolve incidentes e confrontos, calculados para comprometer cristãos representativos e instituições cristãs. Simultaneamente, rumores são espalhados entre as comunidades muçulmanas por "comitês islâmicos", enquanto muçulmanos individuais são ameaçados de ser rotulados como "colaboradores" – rótulo que significa morte certa. Uma vez que a tensão tenha sido levada ao ponto máximo, começa a segunda fase. Abrem-se negociações entre os líderes islâmicos e representantes das comunidades cristãs ora aterrorizadas. São feitas promessas solenes de que vidas e propriedades cristãs serão protegidas, mas apenas se os cristãos forem primeiro desarmados, e as responsabilidades administrativas, transferidas para os "comitês islâmicos". A terceira fase segue-se de imediato, assim que os cristãos tiverem se desarmado: intimidação, destruição, assassinatos aleatórios e profanações. Templos são violados, cristãos individuais, assassinados e a população cristã, reduzida ao desespero. A fase final envolve uma série de iniciativas "não militares", incluindo a expulsão dos cristãos remanescentes de suas casas, com a tomada de propriedades e de posses cristãs. Em tudo isso, massacres de atrocidade inominável desempenham um papel importante. Relatórios em primeira mão, confirmados por visitantes franceses e britânicos, falam de eviscerações, crucificações, cremações de pessoas vivas, sacrifícios de animais em altares de igrejas, incêndios, saques, abjurações compulsórias, mutilações, decapitações com serras elétricas ou machadinhas, procissões blasfematórias após a destruição de igrejas, humilhações, "apresentação" de cadáveres em altar, e mais.[3] Representantes "islamo-progressitas" ou drusos estão constantemente fazendo ofertas de "recompra", a preços irrisórios, de terras e construções que pertencem à comunidade cristã. Essas ofertas contêm ameaças veladas, e, caso não sejam aceitas, levam quase inevitavelmente a algum assassinato assustador que serve de exemplo.

Variações dessa estratégia tiraram os cristãos de centenas de áreas, incluindo Bhamdoun, no Shouf, Chahhar e Iqlim, e o campo em torno de Sídon. O efeito é bem ilustrado pela trágica história de Maghdousheh — de jeito nenhum a mais atroz —, que me foi contada recentemente por Saba Dagher, o padre melquita da região. Maghdousheh, segundo a lenda, é o local onde a Virgem aguardou Cristo voltar de Canaã. Seu santuário, dedicado a "Notre-Dame de l'Attente" [Nossa Senhora da Espera], é — ou melhor, era — um dos mais sagrados da cristandade, e um local de cerimônias de grande antiguidade e força litúrgica. A paz de Magdousheh acabou em abril de 1985, quando o "Exército da Unidade Muçulmana" (um saco de gatos de palestinos e "islamo-progressistas" que tinham sido expulsos de Trípoli pelos sírios) veio por mar a Sídon e entrou no campo, em busca de guerra. Mais de duas dúzias de aldeias foram "purificadas" de sua população cristã, e os sobreviventes buscaram refúgio em Maghdousheh.

Os milicianos xiitas locais concordaram em protegê-los (a segunda fase do processo descrito anteriormente). Porém, as forças palestinas entraram na cidade — presumivelmente com a permissão daqueles que a "defendiam" — e montaram sua artilharia entre as casas. Seguiu-se um sítio terrível, em que Maghdousheh foi reduzida a ruínas. Os palestinos retiraram-se tão misteriosamente quanto entraram, e os habitantes foram acusados por

---

[3] Usei relatos em primeira mão, apresentados em relatórios de voluntários de uma organização de assistência, em abril e maio de 1985. Não é possível revelar as identidades nem da organização, nem daqueles que se reportavam a ela.

um contingente xiita, recém-radicalizado, de abrigar o inimigo. Vinte pessoas foram mortas, quatro tomadas reféns e as restantes tiveram de fugir de suas casas incendiadas. O *Hezbollah*, assim, controla Maghdousheh, estabelecendo o reino islâmico do terror num dos mais veneráveis locais da cristandade, profanando o santuário da Virgem e fechando as escolas e os conventos, por meio dos quais os religiosos e os padres melquitas ofereciam esperança e caridade a xiitas e cristãos. Aos olhos do *Hezbollah*, o maior crime da ordem melquita foi ter trabalhado pela reconciliação entre as seitas. Nas palavras do padre Dagher: *c'était notre apostolat* ["era nosso apostolado"]. Por isso, após o padre Dagher ter tido a sorte de fugir, o *Hezbollah* sentenciou-o à morte.

A destruição do acordo libanês no interior impossibilitou que ele fosse reavivado nas cidades. Apesar da esperança, repetidas vezes manifestada pela comunidade cristã, de que fosse recriada a aliança entre as seitas, agora é preciso considerar uma dispensação inteiramente nova. Sem um interior cristianizado, sustentado pelo sacrifício diário de padres, de monges e de freiras, o estado secular do Líbano fica privado de seu principal sustentáculo. Esse é o estranho e irresistível paradoxo com o qual o experimento libanês nos impressiona.

CAPÍTULO 7
Conclusão
—

TALVEZ NÃO EXISTAM mais as condições em que seria possível considerar seriamente a restauração do estado confessionalista. Na trágica história do conflito árabe-israelense, uma coisa foi provada repetidas vezes: que a negociação só funciona quando é conduzida a partir de uma posição de força. A tática síria, ao isolar e emascular os cristãos em Beirute Oriental, foi astuta e eficaz. Com a ajuda da imprensa ocidental, Assad avançou na direção de seu objetivo com custos mínimos. Suas tropas, hoje, ocupam a maior parte do Líbano. As comunidades cristãs foram expulsas do interior e a obra de seus sacerdotes, dando testemunho de Cristo entre aqueles que o rejeitam, foi encerrada. Suas cidades foram colocadas sob a *Pax Syriana*, como Trípoli e Zahleh, ou cercadas e isoladas do mundo. O presidente libanês é tão integralmente refém da Síria que precisa sempre parecer estar de acordo com Damasco, se pretende sobreviver. (Tendo inicialmente falado contra a ocupação síria de Beirute Ocidental, Amin Gemayel foi então obrigado a agradecer a Assad, em discursos humilhantes que poderiam ter sido redigidos para ele por Robert Fisk.)

As táticas sírias nos territórios ocupados foram igualmente astutas. Após desestabilizar o país, reacendendo os conflitos ancestrais pelos quais os libaneses sabem, em seus corações, ser culpados, os sírios podem facilmente posar como "libertadores" de um povo cujos infortúnios eles causaram. Com frequência sua presença é bem-vinda, não apenas por trazer estabilidade e ordem, mas por pressagiar aquilo desejado por todos: a expulsão dos palestinos e a contenção dos militantes islâmicos. Os cristãos de Trípoli olham seus senhores sírios, se não com gratidão, ao menos com a sensação de alívio de que são eles, e não os palestinos e os militantes, que dominam a região. Eles recordam os dias da ocupação palestina, quando os metropolitas melquita e ortodoxo, o vigário-geral maronita e outros cristãos proeminentes foram feitos reféns e agredidos pelos militantes "islamo-progressitas", agindo sob a proteção da OLP. Após o caos e o terror dos militantes, até o Exército Vermelho teria sido acolhido como influência civilizadora.

Assad tomou o cuidado de preservar uma aparência de legalidade nos territórios ocupados, a polícia secreta tendo sido empregada para o assassinato de adversários e não para criar terror. O controle sírio ainda não envolveu uma transferência completa de soberania, e o Partido Ba'ath não tentou impor sua ideologia e seus procedimentos às províncias libanesas. Por outro lado, a completa anexação iria lhe dar total liberdade, mas – qualquer que seja o destino de Assad como presidente da Síria, e dos alauítas como sua minoria privilegiada – o poder do Partido Ba'ath durará muito mais do que o de seu líder atual. Que esperança, portanto, pode-se ter para o Líbano?

Uma coisa é certa. Se a política ocidental na região continuar a ser ditada pelos correspondentes ocidentais, ela permanecerá mais receptiva aos interesses dos tiranos do Oriente Médio do que aos interesses do Ocidente. Mesmo que as relações de Assad com a União Soviética estejam longe da perfeição,[1] ele nunca será amigo do Ocidente, cujo sistema de governo constitui uma ameaça tanto à sua autoimagem quanto a seu poder. Claro que é difícil prever o que acontecerá no Oriente Médio. Uma vitória para o Irã na guerra do Golfo talvez se mostre decisiva para a região. A militância islâmica, já em ascensão na Síria, no Egito e na Turquia, provavelmente derrubaria Assad e estabeleceria seu domínio no interior do Líbano. Nessas circunstâncias, a persistência de um enclave cristão no litoral se mostraria essencial não apenas para a defesa de nossos aliados no Oriente Médio, mas também para a defesa do Ocidente.

Mesmo que baixe a maré de militância islâmica, porém, a resistência dos cristãos é para nós uma questão de vital interesse, nós a quem eles até agora chamaram em vão. Napoleão, em suas aventuras a Leste, repetidas vezes aconselhou suas tropas a favorecer a população muçulmana contra os cristãos. Os cristãos, dizia ele, "sempre estarão conosco". Essa política

---

[1] Sobre as dificuldades das relações entre a URSS e a Síria, ver Pedro Ramet, "Moscow and Damascus". *Problems of Communism*, set.-out. 1986.

– que parece servir de base à diplomacia americana no Oriente Médio – é, na verdade, autodestrutiva. A lealdade dos países muçulmanos é um fator mutante e comprável, e nunca poderia ser garantido, uma vez que o Ocidente se identifica com Israel. Jamais se deveria permitir que a necessidade de alianças temporárias e de favores negociados sobrepuje a necessidade, maior, de amigos, e daquele sentido de afinidade espiritual sem o qual a busca de uma ordem internacional não é melhor do que um jogo de azar.

É somente com nosso apoio que os cristãos conseguirão obter a força necessária para negociar com a Síria. Assad não tem motivo, hoje, para retirar-se das províncias ocupadas ou de Beirute Ocidental. Ele também não demonstra o menor desejo de entrar nos subúrbios a Sul de Beirute para libertar os reféns do *Hezbollah*. Assad espera que os cristãos, enfim, sejam obrigados a capitular para negociar uma nova ordem libanesa desde uma posição de fraqueza. Se a Síria puder ditar os termos, a nova ordem destruirá não apenas a prerrogativa maronita, mas também o governo parlamentar, as eleições livres, a imprensa livre e o estado de direito. Se, por outro lado, os cristãos forem capazes de negociar partindo de uma posição de força – convocando apoio econômico, militar e político contra as legiões de Assad –, o Líbano ainda pode ter futuro. Sob a proteção ocidental, o aeroporto em Halat, no setor cristão, poderia ser aberto, as rotas comerciais, ser restabelecidas, e os agentes sírios, que foram responsáveis por tantos bombardeios, sequestros e execuções, ser expulsos do setor cristão. Os drusos e os xiitas, nessas circunstâncias, aspirariam outra vez a unir-se com os cristãos, cujo setor lhes ofereceria um modelo de sua liberdade anterior. (Walid Jumblatt já manifesta publicamente seu arrependimento pela expulsão dos cristãos de seu território.) Quando a população nativa avaliasse suas perdas, a posição da Síria no Líbano ficaria desconfortável. A reputação de Assad, tanto doméstica quanto no estrangeiro, sofreria um sério declínio, e ele seria obrigado a fazer concessões para governar de maneira mais segura aquelas regiões férteis do Beqaa, cujas safras de ópio têm sido uma parte tão importante da economia síria.[2] Nessas circunstâncias,

---

[2] Sobre a exploração pela Síria da plantação de ópio no Beqaa, ver Yedidya Atlas, "Syria Finds Lebanon Fertile Soil for (Drug) Trade". *The Wall Street Journal (Europe)*, 11 ago. 1986. Desde o choque do rompimento diplomático britânico, há indícios, porém, de que Assad pode tentar dissociar seu país do tráfico de drogas aos olhos do mundo: ver relatório em *Libanoscope*, n. 54, 11-16 abril 1987.

os cristãos estariam em posição de negociar um acordo, talvez não pela antiga ascendência maronita, mas ao menos para um Líbano que fosse pluralista, democrático e livre. E não há dúvida de que os cristãos continuam a agir como se o *Grand Liban* existisse, não apenas como ideal, mas também como realidade política. Números publicados recentemente mostram que, nos primeiros nove meses de 1986, 77,38% dos impostos arrecadados pelo tesouro libanês vieram dos setores cristãos, e que, no Beqaa, somente a cidade cristã de Zahleh tinha contribuído.[3] Esse índice de deslealdade muçulmana é também prova do patriotismo cristão. Os cristãos acreditam no estado pluralista e buscam restaurá-lo para combinar-se outra vez com drusos, xiitas e sunitas, num contrato redesenhado. Somente num estado assim eles ficarão genuinamente seguros. Como uma ilha no grande mar do Islã, eles logo seriam "satanizados" pelos imãs belicosos, atraindo para si todo tipo de ofensiva política e militar. Os cristãos de outros países do Oriente Médio também não estariam seguros sem o exemplo libanês, e sem a prova que ele ofereceu de uma comunidade cristã em paz com os vizinhos e apoiada pelos amigos.

A restauração de um *Grand Liban* (mesmo menor do que o Líbano atualmente desenhado nos mapas) permanece a esperança e o dever da cristandade. É graças aos cristãos que vestígios de cultura, do direito e da democracia perduram, no Líbano. E, com eles – ao menos no reduto a Norte da capital –, uma imprensa livre, o livre-comércio e a discussão aberta. Graças ao cristianismo, o governo limitado sobrevive aqui como não sobrevive em nenhum outro lugar do mundo árabe. No Líbano, portanto, é possível falar diretamente ao povo, e nenhum partido governante, nenhuma ditadura, nenhuma ideologia soberana obscurece-o em seu campo de visão. Defender a ordem libanesa é manter um centro a partir do qual nossa influência pode ser projetada em regiões que, de outro modo, ficarão para sempre perdidas para nós. Ainda agora, o Líbano se conserva como exemplo para o Oriente Médio: o único país árabe onde a opinião livre é permitida, e onde a linguagem de Deus pode ser usada para condenar Seus regentes terrenos.

---

[3] Cifras tiradas de *Le Commerce du Levant*, n. 5098, 2 mar. 1987.

ÍNDICE ONOMÁSTICO

Abinader, Khalid, arcebispo 71
al-Assad, Hafiz, presidente 13, 16, 31, 34, 40
al-Assad, Rifaat 18
Alexander, Edward 19
al-Sadr, Moussa, imã 14, 46, 57, 71
al-Simani, Yusuf 21
Amin el-Husseini, mufti 40
Amin, Idi 53
Anderson, Terry 19, 60
Arafat, Yasser 17, 56
Atlas, Yedidya 79

Basbous, Antoine 13-14, 41, 53, 57-58
Bashir II, emir 33-34
Bashir III, emir 34
Bellingham, John 7
Blavatsky, Madame 24
Brière, Claire 65
Buckmaster, visconde 17
Bulloch, John 11, 14

Canning, Charles John, conde 30
Chamoun, Camille, presidente 64-65, 67
Chamoun, Danny 54
Chartouni, Habib 14
Chatty, Habib 45
Chéhab, família 23
Chéhab, presidente 50

Chomsky, Noam 37
Churchill, Charles 35
Cirilo VII, patriarca de Antioquia 28
Clemente XII, papa 21
Corm, Charles 38
Corm, Georges 19
Curzon, visconde 39

Dagher, Saba 74-75
Darazi, Nachtekim 23
de Bar, Luc-Henri 24, 44, 50
Dreux, conde de 36

Efendi, Shahib 34
el-Jisr, Bassem 45

Fadlallah, sheikh 57
Faizal ibn Hussein 39
Fakhr al-Din II, emir 25, 33
Fattal, Antoine 53, 66
Fefer, Karl 14
Fénélon, François de Salignag de la Mothe- 36
Fisk, Robert 11-17, 19, 51, 54-55, 59-60, 63-65, 72, 77
Francisco I, rei da França 22
Franjiyeh, Tony 18, 54, 57
Fustel de Coulanges, Numa-Denis 49-50

Gemayel, Amin 59, 77
Gemayel, Bashir 14, 18, 54, 59, 63-64, 66-67
Gemayel, Pierre 18
Gêngis Khan 37
Guys, Henri 24

Habaysh, Yusuf, patriarca de Antioquia 34
Haddad, Saad 54, 58
Hakim ibn Nizar 23
Hamadeh, família 65
Hamza ibn 'Ali 23
Hegel, G. W. F. 69
Hirschberg, H. Z. (J. W.) 24
Hobeiqa, Elie 14, 18, 57-58, 67
Hourani, Albert 21, 38

Ismai'il, xá da Pérsia 26

Jaaja, Samir 65
Jumblatt, família 18, 25, 67
Jumblatt, Kamal 14, 35, 57
Jumblatt, Nafiya 35
Jumblatt, Saîd 35
Jumblatt, Walid 15, 17-18, 25, 35, 57, 72, 79
Justiniano II, imperador 22

Karamî, família 65
Karamî, Rashid 54, 64
Khadaffi, Muammar 14
Khaled, Hassan, mufti 53
Khalidi, Mustafa 46
Khazen, família 25
Khomeini, aiatolá 53, 71
Kifner, John 46
Kliot, Nurit 44
Krantz, Frederick 19
Kwatly, Hussein 53

Macaulay, Thomas Babington, lorde 16
Ma'n, família 25
Marcuse, Herbert 37

Maro, St. John 21
Marx, Karl 25
Mayhew, lorde 17
McDowell, David 45
Meir, Golda 25
Michaud, Gérard, ver Seurat, Michel 14
Mill, John Stuart 49
Milosz, Czeslaw 23
Moman, Moojen 46
Mongin, Olivier 14
Muhammad 'Ali 33

Naccache, Albert 38
Naccache, Georges 44
Napoleão I, imperador 78
Nasser, Abdel Gamal 53

Pasha, Azzam 50
Pasha, Ibrahim 33
Péroncel-Hugoz, Jean-Pierre 19, 24
Pharès, Walid 44

Rabbath, Edmonde 38
Ramet, Pedro 78
Randall, Jonathan C. 11, 14

Salamé, Ghassane 45
Salibi, Kamal 21-22, 36
Sammé, Georges 38
Sartre, Jean-Paul 37
Seurat, Michel 13-14
Shultz, George 67
Skryabin, Aleksandr 24
Suleiman, o Magnífico, sultão 18, 22, 57

Thatcher, Margaret 60, 66, 70

Volney, Constantin, conde 22, 36

Waugh, Evelyn 52

Young, baronesa 17

ÍNDICE ANALÍTICO

Acordos de 17 de maio de 1983 **59, 63**
Acordos do Cairo de 1969 **52, 54, 64**
Acordos Sykes-Picot
Acordos tripartites (1985) **68**
Afeganistão **15**
Alauítas **21, 31, 39-41, 71, 78**
al-Moktana **24**
Armênios **21, 30-32, 69**
Assírios, *ver* igrejas siríacas

Batalha de *La Quarantaine* **55**
Beduínos **32, 55**
Bélgica (Constituição da) **47**

Caldeus, *ver* igrejas siríacas
Camboja **16**
Catolicismo romano **21-23, 31**
Católicos latinos **31**
Censo populacional **44-46**
Code Napoléon **47**
Concílio de Calcedônia **27**
Concílio de Éfeso **27**
Concílio de Florença **22**
Confessionalismo **34, 43, 48-49**
Constituição do Egito **55**
Constituição do Líbano **43-50**
   economia **57-58, 63-65**
   direito **46-48**

Coptas **22, 27**
Cristãos
   massacres de **12-14, 55, 57, 63, 72-75**
Cristianismo e o Estado **49-50, 68-69**
Cruzados **22-23, 26, 70**
Curdos **32, 55**

Damour
   massacre de **14, 55**
Democracia **16, 41, 46, 49, 70, 80**
Der Stern **14**
Dhimmi **53**
Direito de oposição **48-49, 52**
Direitos das minorias **49**
Direitos individuais **46-48**
doença otomana **35**
Drusos **11, 14, 18, 21-27, 30-31, 33-35, 41, 57, 59-60, 65, 73-74, 79-80**

Emirado da Montanha Drusa **33-37, 39**
episódio do *New Jersey* **11, 59**
Estado da vingança **47**
Estado de direito **19-20, 36-37, 43, 45-46, 47-49, 54, 78-79**
EUA **11, 15, 30, 34, 37, 48, 51, 66-67, 70, 72**
   Atitude libanesa concernente aos Estados Unidos **64-70**
Exército da Unidade Muçulmana **74**

Exército do Sul do Líbano 63, 72

Falange 11, 16, 18, 54, 58-60
fascismo 11, 18, 72-73
Fenícia 33, 36
Foreign Office 16, 66
França
    relações com Líbano 36, 38-39, 43-44, 71-72
    Constituição da 46
    liberdade de consciência 43
    liberdade de opinião 48, 52, 78-80
    mandato francês 38-40
    políticas francesas (ver também potências ocidentais) 36, 38, 58-60

Governo representativo 44-45
Grande Líbano 37-40, 79
Grande Síria 38, 51, 79
Gregos
    católicos (ver melquitas)
    ortodoxos 27-29, 47
Guerra civil de 1860 35-36, 39
Guerra civil de 1975 18, 54-60
Guerra dos campos 18, 55

Habsburgo 29
Hama
    destruição de 16, 52
    al-Hawadess 13
Hezbollah 47, 57, 70, 72, 79

Internacional Socialista 25
Irã 12, 26, 31
    escândalo das armas do 65-66
Iraque 30
Irish Times 12, 15, 51
Irlanda do Norte 49, 60
Islã e Estado 52-54
    Jihad Islâmica 14
    militância islâmica 13, 19, 56, 68, 71, 77-78

forças "islamo-progressistas" 17, 55, 74
Ismaelis 31, 40
Israel 11-15, 25, 39, 45, 52, 54, 57, 59, 63-64, 67, 70-71, 77, 79

Jacobitas 27
Jesuítas 37
Jezzine, reduto cristão de 63, 72-73
Jordânia
    políticas 52
    jornalismo 11, 15-17, 19-20, 38, 46, 52-59, 63, 65, 67-68, 70, 77
Judeus, 21, 29, 31, 49, 69

Kataëb (movimento), ver falange
kaymakamate do Líbano 34
ketman, ver *taqiyya*

La Stampa 12
Laîcité 46-47, 49, 53, 73
Legitimidade 46, 48-49
Leninismo 52
Liga Árabe 50
linguagem, políticas de 19-20, 22, 27, 37, 71-72

Maghdousheh, história de 74-75
maioria muçulmana 11, 46, 59
Maronitas 11, 14, 21-22, 25, 27, 29, 34-35, 37-39, 41, 44-45, 47, 53, 56, 68, 71
Marounistão 58
Marxismo 25, 28, 69
Massacre do "Setembro Negro" 52
Melquitas 21-22, 27, 29-30, 32, 75
mitwali, ver xiitas
monofisismo 27-28, 30-31
monotelismo 22
Moutassarifiah do Líbano 36-40
movimento *Amal* 14, 17, 47
Movimento protestante 19, 29-30, 34, 37

Narcóticos 16, 18, 79

Nestorianismo 27, 30-31
New York Times 46

ONU 58
    Unifil (Forças da ONU no Líbano) 63
Ordem de Malta 73
Ordens religiosas 31, 54, 70-72, 74-75, 77

Pacto Nacional 32, 43-45, 47, 54
Palestina
    população drusa da 24-25
Palestinos 12-4, 19, 31-32, 37, 44-45, 52-54, 57, 59, 63, 65, 68, 74, 78
    massacres dos 15-17, 19-29, 54-55, 58-59
    pan-arabismo 32, 38, 40, 44, 53, 55
Parlamento britânico 16-17
Parti Populaire Syrien 14
Partido Ba'ath 53
Partido Comunista Libanês 47
Partido Progressista Socialista 18, 25, 35-36, 47
Pax Syriana 15, 18, 51, 63, 77
Políticas britânicas (*ver* também potências ocidentais) 17, 30-31, 33, 36, 38
    políticas de 18, 34, 44, 49, 59-60, 68-69, 78
Políticas italianas 59-60
Políticas turcas 33-37, 38-39
Potências ocidentais 11, 17-18, 34, 37, 59-60, 64, 68, 78
    reconquista da 32
    OLP, ver palestinos

Religião e a mente árabe 48
Renascença árabe 37-38
República Cristã 34, 37-38
Rússia (tsarista) 28, 38

Secularização 48-49
Separação de poderes 47
Shihab, ver Chéhab

Sínodo de Luwayza 22
Sínodo de Qannubi 22
Sionismo 40-41, 47
Síria
    Constituição da 47, 59-60
    igrejas siríacas 30-31
    missão síria 34-35, 37
    ocupação síria do Líbano 12-13, 47, 55-56, 59, 63-75, 78
    políticas sírias 14-15, 17, 19, 51-60, 63-75, 77
Sistema de *millet* 27, 29-30, 35-36, 40-41, 43
Soberania 35
Statut personnel 47
Sunitas 21-22, 25-27, 32, 35, 38, 40-41, 43, 45, 53, 65, 80

taqiyya 23-24, 26, 34-36, 40
Terrorismo 16, 47, 54-55, 65, 68-69
Times 12, 16-17, 65

União Soviética 16-17, 52, 78
    Políticas soviéticas 16, 47
Universidade Americana de Beirute 37
Universidade Católica de São José 37
URSS, *ver* União Soviética

Vietnã 15, 60

Washington Post 11

xaria 49
xiitas 12-14, 18, 21, 23, 26-27, 34, 38, 44-46, 50, 54, 57, 59-60, 67, 71-73, 75, 79

VOCÊ PODERÁ INTERESSAR-SE TAMBÉM POR:

Em *A Indústria de Mentiras*, Ben-Dror Yemini faz uma distinção clara entre as críticas legítimas ao Estado de Israel e as narrativas injustas que nunca estão de acordo com os fatos históricos, nem com as causas dos conflitos do Oriente Médio. O objetivo de Yemini é afastar as interpretações cheias de erros e confusões que na maioria das vezes tratam os israelenses como vilões por conta de um maniqueísmo ingênuo e precipitado. Embora o autor acredite que essa atitude não revela simplesmente uma má intenção, até porque a maior parte das pessoas comuns não tem meios para checar todas as fontes e fazer um julgamento justo sobre um tema bastante complexo, ele demonstra que, por outro lado, existe uma máquina da desinformação que pretende manipular a opinião pública apenas para legitimar uma visão política anti-israelense.

Micah Goodman examina as consequências da Guerra dos Seis Dias (ou Guerra árabe-israelense), ocorrida em 1967, que levou Israel a expandir suas fronteiras, conquistando a Península do Sinai, a Cisjordânia, a Faixa de Gaza, as Colinas de Golan e Jerusalém oriental. O impasse tratado no livro gira em torno das discussões da política interna de Israel sobre as vantagens e as desvantagens de se manter as fronteiras expandidas como estratégia de segurança nacional. A obra não pretende ser apenas mais uma abordagem sobre o conflito árabe-israelense, mas, acima de tudo, dedicar-se a esclarecer as diversas posições e pensamentos sobre o assunto, que podem ser observados no caloroso debate público que ocorre em Israel desde a década de 70.

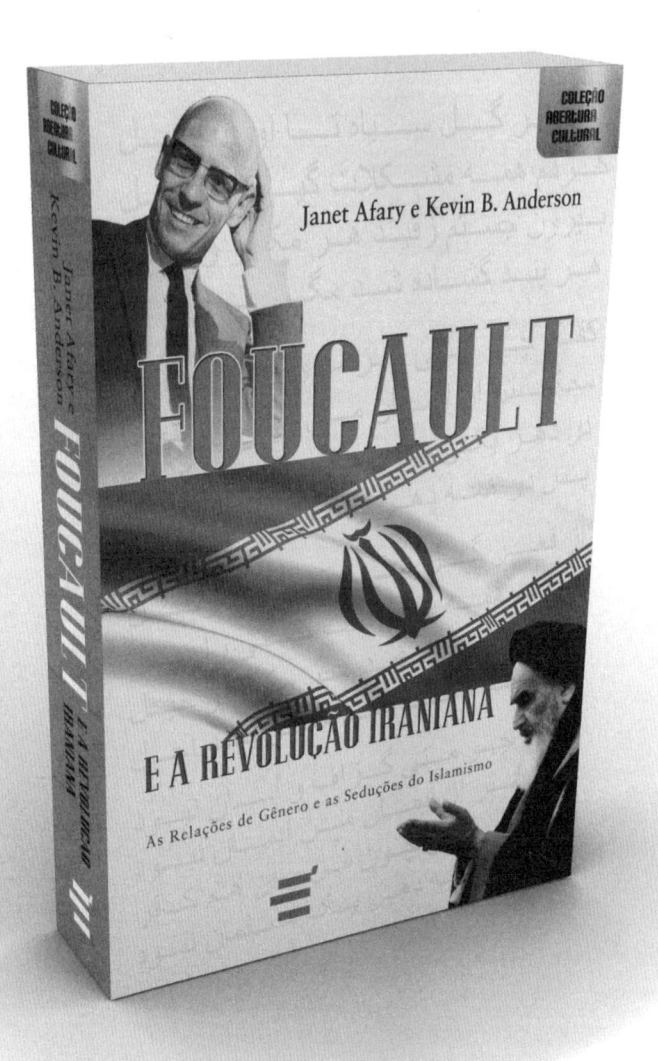

Durante a Revolução Iraniana que pôs no poder o aiatolá Khomeini, em 1978, Foucault visitou o Irã duas vezes como correspondente do jornal italiano *Corriere della Sera*, escrevendo artigos entusiasmados em defesa da Revolução. Os autores da presente obra analisam esses escritos e sua repercussão, em contraste com a obra e as ideias do filósofo francês, evidenciando suas contradições.

facebook.com/erealizacoeseditora   twitter.com/erealizacoes   instagram.com/erealizacoes   youtube.com/editorae

issuu.com/editora_e   erealizacoes.com.br   atendimento@erealizacoes.com.br